Eckart Klein und Matthias Pechstein

Das Vertragsrecht internationaler Organisationen

VERÖFFENTLICHUNGEN
DES INSTITUTS FÜR INTERNATIONALES RECHT
AN DER UNIVERSITÄT KIEL

Herausgegeben von

Jost Delbrück · Wilhelm A. Kewenig · Rüdiger Wolfrum

92

Das Vertragsrecht internationaler Organisationen

Der Konventionsentwurf über Verträge
zwischen Staaten und Internationalen Organisationen
oder zwischen Internationalen Organisationen im Vergleich
zur Wiener Vertragsrechtskonvention von 1969

Von

Prof. Dr. Eckart Klein
Matthias Pechstein

DUNCKER & HUMBLOT / BERLIN

CIP-Kurztitelaufnahme der Deutschen Bibliothek

Klein, Eckart:
Das Vertragsrecht internationaler Organisationen: d. Konventionsentwurf über Verträge zwischen Staaten u. internat. Organisationen oder zwischen internat. Organisationen im Vergleich zur Wiener Vertragsrechtskonvention von 1969/ von Eckart Klein; Matthias Pechstein. — Berlin: Duncker und Humblot, 1985.
(Veröffentlichungen des Instituts für Internationales Recht an der Universität Kiel; 92)
ISBN 3-428-05944-1

NE: Pechstein, Matthias: Institut für Internationales Recht (Kiel): Veröffentlichungen des Instituts: . . .

Satz und Druck: Vollbehr u. Strobel, Kiel
Printed in Germany
ISBN 3-428-05944-1

Inhaltsverzeichnis

Abkürzungsverzeichnis

Add.	Addendum
AJIL	American Journal of International Law
Anm.	Anmerkung
Aufl.	Auflage
AVR	Archiv des Völkerrechts
Corr.	Corrigendum
EPIL	Encyclopedia of Public International Law (ed. *R. Bernhardt*)
EuR	Europarecht
EWG	Europäische Wirtschaftsgemeinschaft
EWGV	Vertrag zur Gründung der Europäischen Wirtschaftsgemeinschaft
GAOR	General Assembly Official Records
GATT	General Agreement on Tariffs and Trade
GYIL	German Yearbook of International Law
IBRD	International Bank for Reconstruction and Development
ICJ	International Court of Justice
IDI	Institut de Droit International
IGH	Internationaler Gerichtshof
ILC	International Law Commission
ILO	International Labour Organisation
IMF	International Monetary Fund
NATO	North Atlantic Treaty Organisation
OAU	Organisation of African Unity
ÖZöRV	Österreichische Zeitschrift für öffentliches Recht und Völkerrecht
RdC	Recueil des Cours de l'Académie de droit international
RES	Resolution
RGDIP	Revue générale de droit international public
suppl.	Supplement
SVN	Satzung der Vereinten Nationen
UN	United Nations
UN Doc.	UN-Dokument
UNESCO	United Nations Educational, Scientific and Cultural Organisation
UNTS	United Nations Treaty Series
WHO	World Health Organisation
WVK	Wiener Übereinkommen über das Recht der Verträge (Wiener Vertragsrechtskonvention)
YBILC	Yearbook of the International Law Commission

1. Kapitel: Allgemeine Bemerkungen

1. Die Entwicklung der ILC-Arbeit

Internationale Organisationen gehören heute zu den unverzichtbaren institutionellen Elementen der internationalen Beziehungen.[1] Sie sind ebenso geeignet, den Rahmen für einfache internationale Kooperation zu bieten wie Ausgangspunkt engerer staatlicher Zusammenschlüsse zu sein. In diesen vielfältigen Funktionen sind die Internationalen Organisationen zu Faktoren und Subjekten des Völkerrechts geworden. In unterschiedlicher Weise, vor allem als Parteien völkerrechtlicher Verträge, nehmen sie unmittelbaren Einfluß auf die Erzeugung von Völkerrecht. Damit gewinnen notwendig die Regeln, die für diese Verträge maßgeblich sind, also das allgemeine Regime für die Verträge, an denen Internationale Organisationen beteiligt sind, an Interesse.[2] Die Kodifikation dieser Regeln dient der Rechtsklarheit und der Rechtssicherheit und entspricht dem seit 1945 verstärkt erkennbar gewordenen Trend zur Verdichtung des geschriebenen völkerrechtlichen Normbestandes.

Anders als der sogenannte Harvard-Vertragsrechtsentwurf von 1935, der sich noch wie selbstverständlich auf die Behandlung zwischenstaatlicher Verträge beschränkte,[3] war sich die International Law Commission (ILC), die seit 1950 mit der Kodifikation des Vertragsrechts befaßt war, von Anfang an darüber im klaren, daß ihre Aufgabe die Berücksichtigung der Verträge, an denen Internationale Organisationen beteiligt sind, im Grunde miteinschließe.[4] Alle vier vertragsrechtlichen Berichterstatter — Brierly,[5] Lauterpacht,[6] Fitzmaurice[7] und Waldock[8] — bezogen die Vertragsbeteiligung Internationaler Organisationen daher zunächst in ihre Arbeit ein. Freilich legten die damit verbundenen Schwierigkeiten Zurückhaltung nahe. Die Grundsatzfrage, ob Internationale Organisationen auf dem Boden vertragsrechtlicher Gleichrangigkeit mit Staaten stehen

---

[1] Dazu *Schreuer*, AVR 22 (1984), S. 363 ff.

[2] Vgl. dazu auch schon die frühe Studie von *Rosenne*, United Nations Treaty Practice, RdC 86 (1954 II), S. 275 ff.

[3] AJIL suppl. 29 (1935), S. 691, 699.

[4] Näheres bei *Reuter*, Miscellanea *Ganshof van der Meersch* Bd. 1 (1972), S. 195 ff.; *Zemanek*, University of Toledo Law Review 3 (1971), S. 145 ff. (146 ff.); *Campos*, Revista Española de Derecho Internacional 21 (1968), S. 360 ff.

[5] Report *Brierly*, YBILC 1950 II, S. 223.

[6] Report *Lauterpacht*, YBILC 1953 II, S. 90.

[7] Report *Fitzmaurice*, YBILC 1956 II, S. 107.

[8] Report *Waldock*, YBILC 1962 II, S. 331.

können, erwies sich als zu schwierig, als daß ihre Lösung und Einarbeitung zum damaligen Zeitpunkt hätte gelingen können.[9] Immerhin kam es erst im Schlußentwurf der ILC von 1966 zu einer klaren Beschränkung auf Verträge zwischen Staaten.[10] Die Staatenkonferenz, die 1969 zur Annahme der Wiener Vertragsrechtskonvention (WVK) führte, schloß sich dieser Entscheidung an.[11] Damit war jedoch — wie Art. 3 WVK belegt[12] — keineswegs eine Ablehnung der Beteiligung von Internationalen Organisationen an Vertragsgemeinschaften verbunden, was angesichts der umfangreichen Vertragspraxis Internationaler Organisationen auch ganz abwegig gewesen wäre. Vielmehr empfahl die Konferenz der Generalversammlung der Vereinten Nationen, die ILC mit dem Problem der Verträge zwischen Staaten und Internationalen Organisationen oder nur zwischen Internationalen Organisationen zu befassen.[13] Innerhalb des Anwendungsbereichs der WVK verblieben jedoch — soweit es sich dabei um reine Staatenverträge handelt — die Gründungsverträge der Internationalen Organisationen und die Verträge, die innerhalb einer Internationalen Organisation abgeschlossen werden.[14]

Die Generalversammlung kam der an sie gerichteten Empfehlung noch im selben Jahr mit der Resolution 2501 (XXIV) nach. Die ILC selbst nahm 1970 die Arbeit an diesem Projekt auf.[15] Ein zunächst eingesetzter Unterausschuß legte in der 22. und 23. Session vorbereitende Berichte vor[16]. 1971 bestellte die Kommission Professor Paul Reuter zum Special Rapporteur, der diese Funktion bis zum Abschluß der Arbeiten im Jahr 1982 ununterbrochen wahrnahm. Mit Hilfe eines Fragebogens wurde versucht, die Praxis der wichtigsten Internationalen Organisationen zu erheben.[17] An Dokumenten stellte das Generalsekretariat der Vereinten Nationen Bibliographien und Vertragsübersichten sowie eine Studie über

---

[9] Vgl. dazu die retrospektive Einschätzung in 1st report *Reuter*, YBILC 1972 II, S. 177.

[10] ILC Report 1966, YBILC 1966 II, S. 177 ff.

[11] Vgl. Art. 1, 2 Abs. 1 lit. a, 3 WVK. — Vorschläge der USA („The present articles apply to treaties concluded between two or more States or other subjects of international law", UN Doc. A/CONF. 39/C. 1/L. 15) und der Republik Vietnam (UN Doc. A/CONF. 39/C. 1/L. 27), den Anwendungsbereich der Konvention auch auf Verträge Internationaler Organisationen zu erstrecken, wurden wohl in der Erkenntnis zurückgezogen, daß eine Konferenz dieser Größenordnung nicht das geeignete Forum bot, die damit verbundenen schwierigen Fragen zu lösen. Dem Anliegen wurde letztlich wohl mit der Konferenzresolution zu Art. 1 WVK besser Rechnung getragen.

[12] Zur Bedeutung von Art. 3 lit. c WVK i. V. m. dem hier erörterten ILC-Entwurf siehe unten S. 13 und 15.

[13] UN Doc. A/CONF. 39/27. — Im Jahr 1969 wurde die weltweite Beteiligung von Internationalen Organisationen an multilateralen Verträgen auf 20 % geschätzt.

[14] Vgl. dazu Art. 5 und Art. 20 Abs. 3 WVK.

[15] ILC Report 1970, YBILC 1970 II, S. 310.

[16] Op. cit., S. 310; ILC Report 1971, YBILC 1971 II part 1, S. 348.

[17] 2nd report *Reuter*, YBILC 1973 II, S. 93; UN Doc. A/CN. 4/271, Annex.

Möglichkeiten der Teilnahme der Vereinten Nationen an internationalen, Territorialfragen regelnden Verträgen zur Verfügung.[18]

Der erste Bericht wurde 1972 vorgelegt.[19] In den folgenden Jahren bis 1980 unterbreitete Reuter acht weitere Berichte[20], die auf der 25. bis 27. und 29. bis 32. Session beraten wurden. Damit war die erste Lesung des Entwurfs abgeschlossen.[21]

Die in diesem Verfahrensstadium erbetenen Stellungnahmen von Staaten und Internationalen Organisationen[22] wurden aufgrund des 10. und 11. Berichts des Special Rapporteur[23] in der 2. Lesung des Entwurfs 1981/82 erörtert. Dabei kam es noch zu durchaus bedeutsamen Modifikationen[24]. Der Schlußentwurf (hier zitiert: Entwurf) wurde von der ILC in ihrer 34. Sitzungsperiode 1982 verabschiedet und zusammen mit einer Kommentierung gemäß Art. 22 ihres Statuts der Generalversammlung der Vereinten Nationen vorgelegt.[25]

2. Das weitere Verfahren

Mit den Entschließungen 37/112 und 38/139 griff die Generalversammlung die Empfehlung der ILC auf, eine Konferenz einzuberufen, um dort Einigung über eine Konvention — vergleichbar der Wiener Vertragsrechtskonvention von 1969 — zu erzielen. Aufgrund der hierzu erbetenen und eingegangenen Stellungnahmen verschiedener Staaten und Internationaler Organisationen,[26] die diese Verfahrensweise grundsätzlich begrüßten, und einer ausführlichen Debatte im 6. Ausschuß[27] beschloß die Generalversammlung am 13. 12. 1984, einer Einladung Österreichs zu folgen und vom 18. 2. bis 21. 3. 1986 eine Konferenz nach Wien einzuberufen.[28] Zu der Konferenz, die wie vorangegangene Kodifikationskonferenzen unter den Auspizien der Vereinten Nationen stattfinden wird, sollen eingeladen werden: (a) alle Staaten als Teilnehmer, (b) Namibia, vertreten durch den UN Council for Namibia als Teilnehmer,

---

[18] Vgl. UN Doc. A/CN. 4/L. 161, Add. 1 und 2; A/CN. 4/277 und A/CN. 4/281, YBILC 1974 II part 2, S. 3 und 8.

[19] Abgedruckt im Annex des 2nd report *Reuter*, YBILC 1972 II, S. 171 ff.

[20] YBILC 1973 II, S. 75 ff.; 1974 II part 1, S. 135 ff.; 1975 II, S. 25 ff.; 1976 II part 1, S. 137 ff.; 1977 II part 1, S. 119 ff.; 1978 II part 1, S. 247 ff.; 1979 II part 1, S. 125 ff.; 1980 II part 1, S. 131 ff.; siehe das Dokumentenregister.

[21] Diese Entwurfsfassung findet sich im ILC Report 1980, YBILC 1980 II part 2, S. 65.

[22] UN Doc. A/CN. 4/350 und Add. 1—11.

[23] YBILC 1981 II part 1, S. 43; YBILC 1982 II part 1, S. 3.

[24] Diese Änderungen betrafen neben Textvereinfachungen insbes. Art. 5 (Einfügung), Art. 7 Abs. 4, 27, 36bis und 66 Entwurf; vgl. dazu auch unten S. 32, 39 ff., 61 f.

[25] Der Text des Schlußentwurfs samt Kommentierung findet sich im ILC Report 1982, S. 25 ff.

[26] UN Doc. A/38/145 und Add. 1 und Corr. 1; A/39/491.

[27] UN Doc. A/C. 6/39/SR. 31 — 33 (31. 10. und 1. 11. 1984).

[28] A/RES/39/86.

(c) Vertreter von Organisationen, die überlicherweise an Konferenzen, die unter den Auspizien der Vereinten Nationen stattfinden, als Beobachter teilnehmen, in dieser Eigenschaft, (d) Vertreter der von der OAU anerkannten Nationalen Befreiungsbewegungen, gleichfalls als Beobachter, und (e) Vertreter Internationaler Organisationen, die üblicherweise bei Kodifikationskonferenzen der Vereinten Nationen als Beobachter teilnehmen,[29] in noch zu klärender Eigenschaft; in diesem letzten Punkt hat sich bislang noch keine Klarheit ergeben. Mehrere Staaten haben sich entschieden dagegen ausgesprochen, die einzuladenden Internationalen Organisationen mit den teilnehmenden Staaten verfahrensrechtlich auf die gleiche Stufe zu stellen,[30] und haben damit die materielle Hauptfrage des Kodifikationsversuchs — weitgehende Gleichstellung von Internationalen Organisationen mit Staaten — schon in das prozedurale Vorfeld einbezogen. Es wird schwerlich dazu kommen, daß die bei der Konferenz vertretenen Internationalen Organisationen auch im Entscheidungsbereich gleiche Rechte eingeräumt bekommen.[31] Auf der anderen Seite legt es die Konferenzmaterie nahe, den Internationalen Organisationen eine über den Beobachterstatus hinausgehende Stellung einzuräumen,[32] die etwa vor allem das Recht einschließen würde, eigene Vorschläge zur Abstimmung zu stellen[33].

3. Das Verhältnis des Entwurfs zur WVK

Die Ausrichtung der Entwurfsarbeiten an der WVK war der Sache nach kaum umstritten. Die intensive Erörterung vertragsrechtlicher Probleme, die zu dieser Konvention, der wohl herausragenden Leistung der ILC, geführt hatte, gab eine gesicherte Grundlage, von der man ohne Not sich abzulösen nicht bereit war.[34] Unter technischen Gesichtspunkten bot sich daher eine an ihrer Systematik und ihrem Stil (Abstraktionsgrad) eng angelehnte Behandlung der Regelungsmaterie geradezu an. So wurde Artikel für Artikel der WVK auf seine Tauglichkeit im hier diskutierten Zusammenhang geprüft und, wobei strikt auf die Parallelität der Artikelzählung geachtet wurde,[35] als wortgleiche, lediglich redak-

[29] Dabei handelt es sich um ca. 30 Internationale Organisationen; A/C. 6/39/SR. 31, S. 6.

[30] Z. B. Bulgarien und die UdSSR, A/C. 6/39/SR. 33, S. 3, und A/CN. 4/350 Add. 8, S. 2.

[31] Dies hat die Bundesrepublik Deutschland im Februar 1982 vorgeschlagen, A/CN. 4/350/Add. 1, S. 5 — Eine Liste von 28 Internationalen Organisationen enthält A/RES/37/112, mit der diese zur Stellungnahme zu dem Entwurf aufgefordert wurden; hier handelt es sich aber wohl nur um das Minimum, vgl. A/C. 6/38/4, S. 7 f.

[32] Etwa Spanien, A/C. 6/39/SR. 32, S. 2 f.

[33] So ausdrücklich z. B. Ägypten, op. cit., S. 4, und UNESCO A/39/491, S. 9.

[34] Vgl. ILC Report 1982, S. 15.

[35] Zusätzliche Artikel werden in die Zählung als „bis" oder „ter"-Artikel eingereiht, später freilich mit der Ausnahme von Art. 36 bis wieder eliminiert bzw. mit anderen Artikeln zusammengezogen.

tionell angepaßte oder mit inhaltlich-substantiellen Änderungen versehene Vorschrift übernommen. Die im Anhang I abgedruckte Übersicht unterstreicht auch unter quantitativem Aspekt die starke Orientierung an der WVK.[36]

Diese Anlehnung kann sich aber noch auf zusätzliche Gründe berufen. Historisch erweist sich der Entwurf als Fortsetzung der Arbeiten, die zur WVK führten, da dort ja zunächst auch Verträge unter Beteiligung Internationaler Organisationen einbezogen werden sollten. Die später erfolgte Ausklammerung dieser Verträge durfte nun sinnvollerweise nicht zu einem inhaltlich-erheblichen Auseinanderfallen des Vertragsregimes für Staaten in ihrem Verhältnis zueinander einerseits, im Verhältnis zu Internationalen Organisationen andererseits, führen. Die Problematik läßt sich an Art. 3 lit. c WVK deutlich machen. Danach ist die WVK maßgeblich für die Rechtsbeziehungen von Staaten zueinander, die Parteien eines Vertrages sind, zu dessen Parteien auch andere Völkerrechtssubjekte, also vor allem Internationale Organisationen, gehören. Art. 3 lit. c Entwurf enthält eine Parallelregelung: Der Entwurf ist anwendbar auf Beziehungen zwischen Staaten und Internationalen Organisationen oder auf die Beziehungen zwischen Internationalen Organisationen, auch wenn noch andere Völkerrechtssubjekte als Staaten oder Internationale Organisationen Parteien des jeweiligen Vertrages sind. Die beiden Bestimmungen widersprechen sich nicht. Während die WVK das für die zwischenstaatlichen Beziehungen maßgebliche Vertragsregime auch für die Verträge festlegt, an denen neben Staaten auch Internationale Organisationen beteiligt sind,[37] regelt der Entwurf das für die Beziehungen zwischen den Staaten und den Internationalen Organisationen maßgebliche Vertragsregime. Bei einem multilateralen Vertrag unter Beteiligung von Internationalen Organisationen finden also gleichzeitig die WVK und der Entwurf Anwendung. Diese rechtliche Unterschiedlichkeit des zwischen Staaten einerseits, zwischen Staaten und Internationalen Organisationen und zwischen Internationalen Organisationen untereinander anwendbaren Rechts andererseits, wäre höchst problematisch, wenn den formal unterschiedlichen Regimes inhaltlich sehr voneinander abweichende Regeln korrespondieren würden, also Staaten untereinander und im Verhältnis zu Internationalen Organisationen substantiell verschiedene Regeln etwa über Vorbehalte, Kündigung etc. zu beachten hätten. Die starke, eben gerade auch inhaltliche Orientierung des Entwurfs an der WVK hat derartige Schwierigkeiten weitgehend, wenngleich nicht vollständig vermieden.[38]

---

[36] Siehe unten S. 69.

[37] Es handelt sich also um Verträge, die vom Entwurf (Art. 1) erfaßt werden; vgl. auch unten S. 15.

[38] Eine gewichtige Ausnahme stellt Art. 66 Entwurf dar. — Zum Problem der Aufspaltung des Vertragsregimes, siehe auch die Diskussion in der ILC, z. B. *Reuter*, YBILC 1974 I, S. 125; *Ago*, op. cit., S. 129.

Mit dem eben diskutierten Problem hängt auch eng die Frage zusammen, wie die Anlehnung des Entwurfs an die WVK methodisch-technisch durchgeführt werden sollte. Neben der theoretischen, die Kompetenz der ILC wohl übersteigenden Möglichkeit, entsprechende Ergänzungen der (ja bereits in Kraft getretenen) WVK vorzuschlagen,[39] gab es wohl nur eine sinnvolle Alternative, nämlich die Ausarbeitung eines eigenständigen Entwurfs, dessen formale Unabhängigkeit von der WVK freilich unterschiedlich intensiv ausgestaltet werden konnte. So wäre es — auch zur Erleichterung der Redaktionsarbeit — möglich gewesen, in den Entwurfsartikeln auf viele Bestimmungen der WVK Bezug zu nehmen, also auf sie zu verweisen (renvoi). Dagegen sprach jedoch einmal, daß ein Vertragspartner der (angestrebten) neuen Konvention nicht notwendig auch die WVK ratifiziert haben muß, so daß sich das Problem der Bindung an den Verweisungsinhalt stellen würde. Zusätzlich hätte sich das Problem der Zulässigkeit und Abgrenzung von statischer und dynamischer Verweisung auf einen fremden, nicht beherrschbaren Regelungsgehalt gestellt.[40]

Die unmittelbare Inbezugnahme von Vorschriften der WVK durch den Entwurf hätte auch nur scheinbar der erwünschten materiellen Homogenität der Vertragsrechtsmaterie Vorschub geleistet. Wegen des unterschiedlichen Kreises der Vertragsparteien sind nämlich interpretatorische Fort- und Auseinanderentwicklungen in diesem Fall ebenso möglich, wie wenn der Entwurf die betreffenden Begriffe und Bestimmungen sich parallel inkorporiert. Die oben bezeichnete Gefahr inhaltlich verschiedener Vertragsregimes läßt sich bei formal getrennten Rechtsinstrumenten, als welche sich die WVK und der Entwurf jetzt präsentieren, nur durch eine beiden gemeinsame Interpretationsgewalt überwinden, die es jedoch nicht gibt.

Unabhängig von der gewählten Methode muß übrigens befürchtet werden, daß manche strittigen Fragen des allgemeinen Vertragsrechts, die in der WVK geregelt sind, im Rahmen der Konferenz über den Entwurf neu aufgegriffen werden, es also weniger um die notwendige Anpassung dieser Regeln an die Verträge geht, an denen Internationale Organisationen beteiligt sind, als um ihre grundsätzliche Diskussion.[41] Beispiele dafür könnten die in Art. 53 und 64 Entwurf enthaltene — im Rahmen der Diskussion über die WVK ja letztlich strittig gebliebene — Konzeption von ius cogens und das in Art. 62 Entwurf behandelte Prinzip rebus sic stantibus sein, letzteres schon deshalb, weil die Kommentierung hierzu[42] umfangreiche Ausführungen zum Begriff der Grenzverträge

[39] Vgl. ILC Report 1982, S. 20.
[40] Op. cit., S. 18 f.
[41] Diese Befürchtung wurde im 6. Ausschuß der Generalversammlung laut, vgl. UN Doc. A/C. 6/39/SR. 31, S. 6.
[42] ILC Report 1982, S. 127 ff.

(„treaties establishing a boundary") enthält, die z. T. erst durch neuere völkerrechtliche Entwicklungen (Seerechtskonferenz) veranlaßt sind und insoweit über den Diskussionsstand von 1969 hinausreichen. Alles dies zeigt, daß selbst eine wie auch immer herbeigeführte enge Orientierung des Entwurfs an der WVK ihre eigenen Probleme aufwirft.

4. Der Anwendungsbereich des Entwurfs

a) Grundsatz (Art. 3 Entwurf)

Die Regelungen des Entwurfs sollen nach seinem Art. 1 (a) auf Verträge zwischen einem Staat oder mehreren Staaten und einer Internationalen Organisation oder mehreren Internationalen Organisationen und (b) auf Verträge zwischen Internationalen Organisationen[43] Anwendung finden. Dies gilt gemäß Art. 3 lit. c Entwurf auch für den Fall, daß an einem solchen Vertrag noch andere Völkerrechtssubjekte (außer Staaten und Internationalen Organisationen) beteiligt sind; hingegen erfaßt der Entwurf nicht die Rechtsbeziehungen zwischen den Staaten als Vertragsparteien. Dies folgt aus der bereits besprochenen Abgrenzung zu Art. 3 lit. c WVK.[44] Der Vertragsbegriff wird in Parallele zu Art. 2 Abs. 1 lit. a WVK auf schriftlich fixierte Verträge beschränkt[45] und im Lichte der in Art. 1 Entwurf genannten Vertragsparteien definiert (Art. 2 Abs. 1 lit. a Entwurf).

b) Gründungsverträge (Art. 5 Entwurf)

Unter Berücksichtigung dieser Bestimmungen erhält auch Art. 5 des Entwurfs seine Konturen. Analog seinem Pendant (Art. 5 WVK) bezieht er Verträge, mit denen Internationale Organisationen errichtet werden, und Verträge, die innerhalb einer Internationalen Organisation geschlossen werden, in den Geltungsbereich des Entwurfs mit ein. Die Abgrenzung beider Regelungen kann nur erfolgen, wenn man sich den grundsätzlich unterschiedlichen Anwendungsbereich von WVK und Entwurf vor Augen hält. Art. 5 Entwurf beschränkt sich daher auf solche Verträge, mit denen Internationale Organisationen, zu deren Mitgliedern eine Internationale Organisation zählt,[46] errichtet werden, während Art. 5 WVK sich auf Gründungsverträge bezieht, deren Parteien ausschließlich

---

[43] Verschiedene Bestimmungen des Entwurfs beschränken sich freilich auf Verträge zwischen Staaten und Internationalen Organisationen; auch dies ist letztlich eine Folge der Orientierung an der WVK; vgl. etwa Art. 29, 73 Abs. 1, 75 Entwurf.

[44] Siehe oben bei Anm. 37 und 38.

[45] Diese Beschränkung dürfte unter dem Gesichtspunkt der Häufigkeit nichtschriftlicher Verträge gerade im Bereich Internationaler Organisationen problematisch sein (vgl. dazu *Reuter* [Anm. 4], S. 210 f.), entspricht jedoch nicht nur der WVK, sondern liegt auch auf der Linie zunehmender Vergewisserung des Völkerrechts, die schriftlicher Fixierung nicht entraten kann.

[46] Dazu auch der Kommentar, ILC Report 1982, S. 39 f.

Staaten sind[47]; dies gilt mutatis mutandis auch für die innerhalb einer Internationalen Organisation geschlossenen Verträge.

c) Nicht geregelte Fragen (Art. 73 Entwurf)

Art. 73 des Entwurfs klammert ausdrücklich aus dem Anwendungsbereich der geplanten Konvention bestimmte, für das Schicksal von Verträgen möglicherweise besonders bedeutsame Vorgänge aus. Abs. 1 der Vorschrift entspricht Art. 73 WVK; die dort angesprochenen Fälle der Staatensukzession, Staatenverantwortlichkeit und des Ausbruchs von Feindseligkeiten zwischen Staaten werden bezüglich ihrer Auswirkungen auf Verträge, an denen Staaten und Internationale Organisationen beteiligt sind, von dem Entwurf nicht erfaßt. In Art. 73 Abs. 2 Entwurf wird versucht, die entsprechenden, auf Internationale Organisationen bezogenen Tatbestände zu formulieren und gleichfalls auszuklammern.[48] Am wenigsten problematisch ist der Fall der internationalen Verantwortlichkeit von Internationalen Organisationen.[49] Auch im Anwendungsbereich des Entwurfs bleibt damit der mögliche Rückgriff auf die Repressalie als deliktsrechtliche Reaktion auf Vertragsverletzung unberührt. Hingegen ist bereits terminologisch der Begriff der Organisationssukzession wenig gebräuchlich; da es der Gründungsvertrag und damit der Wille der Gründungsstaaten ist, der die Aufgaben und Funktionen einer Internationalen Organisation festlegt,[50] wird es auch materiell einheitliche Regeln insoweit nicht geben können. Die Kommission entschied sich deshalb dafür, lieber vom Erlöschen einer Organisation bzw. der Beendigung der Mitgliedschaft eines Staates in der Organisation („termination of the existence of the organization or from the termination of participation by a State in the membership of the organization") zu sprechen, worunter etwa die Frage fällt, ob die vertraglichen Bindungen einer Organisation bei ihrer Auflösung auf ihre bisherigen Mitglieder übergehen, oder welche Folgen der Austritt oder Ausschluß eines Staates auf Verträge hat, die er zuvor mit der Organisation abgeschlossen hatte. Nicht von der gewählten Formulierung erfaßt werden hingegen z. B. die Konstellation, daß durch Änderung des Gründungsvertrages eine Internationale Organisation die Kompetenz verliert, ihren Verpflichtungen aus einem von ihr abgeschlossenen Vertrag nachzukommen, oder der Fall, daß die durch einen Vertrag gebundenen Mitgliedstaaten einer Internationalen Organi-

---

[47] Auch hier ist Art. 3 lit. c WVK hinzuzunehmen mit der Folge, daß das Vertragsregime für Staaten und für Internationale Organisationen, die gemeinsam eine Internationale Organisation gründen, formal auseinanderfällt.

[48] Vgl. ILC Report 1982, S. 145 ff.

[49] Zum Problem allgemein etwa *Ginther*, Die völkerrechtliche Verantwortlichkeit internationaler Organisationen gegenüber Drittstaaten (1969). Auch bei der Kodifikationsarbeit im Bereich der internationalen Verantwortlichkeit hat sich die ILC ausdrücklich auf die „Staatenverantwortlichkeit" beschränkt.

[50] Zum Verhältnis von Völkerbund und Vereinte Nationen, siehe ICJ Reports 1971, S. 16 ff.

sation dieser später die einschlägigen Vertragsabschlußkompetenzen einräumen und damit die Frage zu beantworten ist, ob die Internationale Organisation jetzt selbst durch diesen Vertrag gebunden ist[51]. Die Nichterwähnung dieser Fälle führt, da Art. 73 Entwurf keine abschließende Vorschrift ist,[52] nicht etwa dazu, daß sie den Entwurfsartikeln unterstellt werden, sie bleiben vielmehr als gleichfalls nicht geregelte Materien außerhalb des Geltungsbereichs des Entwurfs.

In der ILC war umstritten, ob auch der Fall einer Verwicklung Internationaler Organisationen in Feindseligkeiten in Art. 73 Entwurf aufgenommen werden sollte. Abgesehen davon, daß die Möglichkeit einer solchen Konstellation von manchen Kommissionsmitgliedern bestritten wurde, war die Mehrheit jedenfalls der Auffassung, man solle in dem Entwurf zu dieser materiellen Frage keine Stellung nehmen, also nicht ein — vom Entwurf nicht unmittelbar veranlaßtes — Problem aufgreifen, das in der WVK überhaupt keine Behandlung gefunden habe.[53]

d) Der Fall der Aggressor-Organisation (Art. 75 Entwurf)

Dieselbe Haltung tritt noch sehr viel deutlicher im Hinblick auf Art. 75 Entwurf zutage. Zweck des Art. 75 WVK ist es, Vorsorge dahin zu treffen, daß die Vorschriften der Konvention (z. B. Regeln über Drittwirkung und Vertragssuspension) nicht vertraglichen Regeln oder sonstigen Maßnahmen entgegengehalten werden können, die unter Beachtung der UN-Satzung gegen einen Aggressorstaat ergriffen werden. Im vorliegenden Kontext tauchte natürlich die Frage auf, ob nicht auch der Fall der Aggressor-Organisation zu behandeln sei. Hierzu konnte man sich jedoch nicht entschließen. Einmal wurde argumentiert, möglicherweise beziehe sich der Begriff Aggressorstaat ohnehin auch auf eine — als Internationale Organisation verfaßte — Staatengruppe.[54] Vor allem aber war man der Auffassung, diese wichtige Frage hätte in der WVK selbst geregelt werden müssen, da das Problem sich wohl primär im Hinblick auf zwischenstaatliche Verträge stelle; insoweit aber gelte: „the Commission has consistently refused to adopt proposals which would draw attention to gaps or shortcomings in the Vienna Convention"[55].

[51] Dazu *Zuleeg*, GYIL 27 (1984), S. 367 ff. (375 f.). Dagegen ist die umgekehrte Situation (Bindung der Mitglieder durch Verträge ihrer Organisation) in Art. 36 bis geregelt dazu unten S. 34 ff.

[52] ILC Report 1982, S. 145.

[53] Op. cit., S. 146. — Das oben zum fehlenden Ausschließlichkeitscharakter des Art. 73 Entwurf Gesagte gilt hier gleichermaßen.

[54] Vgl. op. cit., S. 150, wo auf Art. 1 lit. b der Aggressionsdefinition (A/RES/3314 [XXIX]) verwiesen wird. Wenn die Kommission (ILC Report 1982, S. 151) meint, der Begriff Aggressorstaat sei letztlich von den Parteien der WVK zu interpretieren, ist dies nur insoweit richtig, als es um die Interpretation der WVK geht. Wird der Begriff jedoch in den Entwurf eingeführt, so ist er jedenfalls formal von der Interpretation der WVK unabhängig.

[55] Op. cit., S. 151.

An dieser Argumentation ist zutreffend, daß die Einbeziehung des Falls der Aggressor-Organisation ein Ungleichgewicht in die Vertragsbeziehungen zwischen Staaten (da in der WVK nicht geregelt) einerseits und in die Vertragsbeziehungen zwischen Staaten und Internationalen Organisationen (falls im Entwurf geregelt) andererseits gebracht hätte. Allerdings bleibt erwägenswert, ob man die erkannte Lücke nicht doch wenigstens partiell schließen sollte.[56]

e) Innerorganisatorische Bindungswirkung der Verträge Internationaler Organisationen (Art. 29 Entwurf)

Schließlich ist auf Art. 29 Entwurf hinzuweisen. Auch im Hinblick auf Verträge zwischen Staaten und Internationalen Organisationen bleibt die in Art. 29 WVK enthaltene Regel sinnvoll, daß die vertragliche Bindung grundsätzlich das — jeweilige — gesamte Territorium der Staaten erfaßt;[57] sie konnte daher ohne weiteres in den Entwurf übernommen werden. Eine Parallele zum staatlichen Territorium läßt sich für Internationale Organisationen hingegen schwer finden.[58] Zwei Möglichkeiten kommen in Betracht: Erstens könnte man auf das Territorium der Mitgliedstaaten einer Internationalen Organisation abstellen, was jedoch die Bindung der Mitgliedstaaten selbst implizieren würde.[59] Zweitens könnte als Parallelerscheinung geregelt werden, daß Verträge einer Internationalen Organisation mit Staaten oder auch Internationalen Organisationen alle Organe, Hilfsorgane oder sonstige Funktionsträger binden; die Kommission stellte sich zwar wohl auf diesen Standpunkt, enthielt sich aber einer entsprechenden Formulierung, da diese die Interna Internationaler Organisationen betreffenden Fragen noch nicht reif für eine Kodifikation seien.[60] Bei Art. 29 Entwurf handelt es sich daher wie bei

[56] In den Stellungnahmen wird dies von den Staaten verschiedentlich gerügt, vgl. etwa Peru, UN Doc. A/39/491, S. 5.

[57] Damit ist der Sache nach auch der Grundsatz der beweglichen Vertragsgrenzen impliziert; vgl. dazu *Klein*, EPIL 7, S. 473 ff. Als Parallelvorgang könnte man insoweit darauf verweisen, daß die Internationale Organisation vom Wechsel ihres Mitgliederbestandes unabhängig ist, dieser Wechsel ihre vertraglichen Pflichten also unberührt läßt. Ein Problem der „Sukzession" ist damit ebensowenig angesprochen wie durch die eben erwähnte „moving treaty frontiers rule", die eine Vertragssubstitution bringt.

[58] Zum Teil haben Internationale Organisationen Verantwortung für bestimmte Territorien übernommen, insoweit werden Verträge, die dieses Gebiet betreffen, Verpflichtungen der Organisation im Hinblick auf das gesamte Gebiet begründen; vgl. z. B. Mandate und Treuhandgebiete. Aber dieser Fall bietet schon wegen seiner Außergewöhnlichkeit keine eigentliche Parallele. Zum Problem vgl. *Geiser*, Les effets des accords conclus par les Organisations Internationales (1977), S. 231.

[59] Davon kann jedoch nicht ausgegangen werden; zum Problem siehe unten S. 34 ff. zu Art. 36bis Entwurf.

[60] ILC Report 1982, S. 80. — Vgl. mit konkretem Vorschlag dagegen *Zemanek* (Anm. 4), S. 177 f., und auch die Vorschläge von *Dupuy*, Annuaire IDI 55 (1973), S. 214 ff., S. 355 ff. (315 [Art. 9] und 382 [Art. 8]).

Art. 75 Entwurf — wenngleich aus anderen Gründen — um eine asymmetrische Vorschrift, die nur einen Staaten betreffenden Tatbestand erfaßt.

5. Das Problem der Schlußbestimmungen

Die ILC hat davon abgesehen, einen Entwurf der Schlußbestimmungen für die geplante Konvention vorzulegen. Die entsprechenden Bestimmungen der WVK befassen sich mit der Unterzeichnung (Art. 81), Ratifikation (Art. 82), dem Beitritt (Art. 83), dem Inkrafttreten (Art. 84) und der Bestimmung der authentischen Texte (Art. 85). Die Kommission hat gemeint, diese Fragen der einzuberufenden Konferenz überlassen zu sollen.[61]

Von besonderer Bedeutung wird sein, in welcher Weise Internationale Organisationen an die abzuschließende Konvention gebunden werden können. Ebensowenig wie es von der zu regelnden Materie her vorstellbar ist, daß jedenfalls die wichtigsten Internationalen Organisationen auf der Konferenz nicht vertreten sind, ist es denkbar, daß Internationale Organisationen keinen Zutritt zur Konvention erhalten sollen. Fraglich ist nur, wie die gewünschte Bindung herbeigeführt werden soll.

Durchaus in Betracht kommt eine grundsätzlich mit Staaten ebenbürtige Vertragsparteistellung Internationaler Organisationen. Hier regt sich freilich — vor allem von Seiten sozialistischer Staaten — Widerspruch, mit dem jedenfalls insoweit eine Gleichstellung von Staaten und Internationalen Organisationen abgelehnt wird. Empfohlen wird[62] demgegenüber eine Verfahrensweise, wie sie etwa in Art. 6 des Abkommens über die Rettung und Rückführung von Raumfahrern sowie die Rückgabe von in den Weltraum gestarteten Gegenständen von 1968[63] oder in Art. XXII des Übereinkommens über die völkerrechtliche Haftung für Schäden durch Weltraumgegenstände von 1972[64] angewendet worden ist, die betroffenen Internationalen Organisationen können demnach erklären, die Rechte und Pflichten aus diesen Abkommen anzunehmen, Vertragsparteien bleiben jedoch die Staaten mit der Folge, daß auch sie allein für etwaige Änderungen der Konvention zuständig bleiben. Auch auf Art. 90 der Konvention über die Vertretung von Staaten bei Internationalen Organisationen universellen Charakters von 1975[65] wird verwiesen,[66] der es nach dem Inkrafttreten der Konvention dem jeweils zuständigen

---

[61] ILC Report 1982, S. 24. — Entsprechendes gälte für die Präambel, wohin insbesondere — wie bei der WVK — der Hinweis auf die Fortgeltung von Völkergewohnheitsrecht für die im Entwurf nicht behandelten Fragen gehört.

[62] Vgl. etwa die Stellungnahme der UdSSR, UN Doc. A/C. 6/39/SR. 33, S. 8.

[63] UNTS Bd. 672, S. 119.

[64] Abgedruckt in AJIL 66 (1972), S. 702 ff.

[65] Abgedruckt in AJIL 69 (1975), S. 730 ff.

[66] So Vietnam, UN Doc. A/39/491, S. 7.

Organ der Organisation ermöglicht, eine Entscheidung bezüglich der Durchführung der einschlägigen Bestimmungen zu treffen. Von anderer Seite wird aber auch auf Art. 305 Abs. 1 lit. f i. V. m. Annex IX der Seerechtskonvention[67] aufmerksam gemacht,[68] die eine flexible Regelung enthalten und unter Umständen die Organisation an die Stelle ihrer Mitgliedstaaten auch bei Vertragsergänzung oder -änderung treten lassen.[69]

Auch der Zeitpunkt des Inkrafttretens der Konvention muß geregelt werden. Sollten Internationale Organisationen volle Vertragsparteieigenschaft erwerben können, so ist doch denkbar, daß hinsichtlich der erforderlichen Zahl der Ratifikationen oder Beitritte bzw. formeller Bestätigungen[70] differenziert wird zwischen Staaten und Internationalen Organisationen derart, daß bei den ersteren eine größere Zahl verlangt wird als bei den letzteren.[71]

Weitere noch ungelöste Probleme betreffen die Frage, ob Vorbehalte zur Konvention zugelassen und ob Regeln zur Streitbeilegung beschlossen werden sollen. In beiden Punkten enthielt sich die ILC eines Vorschlags, da auch die WVK diese Frage nicht behandelt hat.[72] Soweit Fragen der Streitbeilegung geregelt sind,[73] sind sie unmittelbar mit bestimmten substantiellen Vorschriften der Konvention verbunden, beziehen sich jedoch nicht auf die Beilegung von Streitigkeiten über Auslegung und Anwendung der Konvention insgesamt.

6. Schwerpunktprobleme

Im folgenden kann aus der Fülle von Grundsatz- und Einzelproblemen, die der Konventionsentwurf aufwirft, nur weniges herausgegriffen, in seiner Problematik dargestellt und, soweit möglich, bewertet werden. Dabei handelt es sich zunächst um die Fähigkeit Internationaler Organisationen zum Vertragsabschluß (Art. 6 Entwurf), womit die in Art. 27 und 46 des Entwurfs angesprochenen Fragen eng verbunden sind (2. Kapitel); hier kommt das mit dem Entwurf aufgeworfene Grundsatzproblem, nämlich die — im Verhältnis zu den Staaten gesehene — Rechtsstellung der Internationalen Organisationen, unmittelbar zum Tragen, ein Problem, das sich bereits mehrfach im eher verfahrensrechtlichen Bereich (Teilnahme Internationaler Organisationen an der Konferenz und an der Konvention) angedeutet hat.

---

[67] Abgedruckt in UN Doc. A/Conf. 62/122 (7. 10. 1982) mit Corr. 3 (23. 11. 1982) und Corr. 8 (26. 11. 1982).

[68] So Indien, UN Doc. A/C. 6/39/SR. 33, S. 4.

[69] Vgl. besonders Art. 8 von Annex IX der Seerechtskonvention.

[70] Vgl. dazu Art. 14 Abs. 2 Entwurf.

[71] So etwa Ägypten, UN Doc. A/C. 6/39/SR. 32, S. 4.

[72] ILC Report 1982, S. 24.

[73] Vgl. Art. 65 und 66 WVK und Entwurf.

Besonders umstritten sind die in Art. 36bis des Entwurfs angesprochenen Fragen gewesen, die daher gleichfalls näher zu untersuchen sind (3. Kapitel). Weitere Erörterungen sind der Vorbehaltsproblematik (4. Kapitel) und dem in Art. 30 Abs. 6 Entwurf angesprochenen Verhältnis zur UN-Charta gewidmet, das von einem speziellen Aspekt her erneut die Grundsatzfrage des Status Internationaler Organisationen aufwirft (5. Kapitel). Endlich ist auf die speziellen Streitbeilegungsvorschriften des Art. 65 und vor allem des Art. 66 Entwurf einzugehen, dem sowohl unter dem Gesichtspunkt obligatorischer Streitbeilegung als auch unter dem Gesichtspunkt des ius cogens erhebliche Bedeutung zukommt (6. Kapitel). Abschließende Bemerkungen versuchen eine Gesamtwürdigung des Entwurfs unter dem Blickwinkel des Vertragsrechts und des Rechts Internationaler Organisationen (7. Kapitel).

2. Kapitel: Vertragsschlußfähigkeit Internationaler Organisationen (Art. 6 Entwurf) und die Folgen eines Vertragsschlusses unter Verstoß gegen „rules of the organization" (Art. 46 und 27 Entwurf)

1. Die Bedeutung von Art. 6 Entwurf

a) Vertragsschlußfähigkeit Internationaler Organisationen als einziger Regelungsgegenstand

Die völkerrechtliche Vertragsschlußfähigkeit von Staaten ist Ausfluß ihrer originären Völkerrechtssubjektivität und unbestritten. Art. 6 WVK bestätigt dies für seinen Bereich. Problematisch ist nur, ob Beschränkungen dieser Fähigkeit oder Rechtsmacht (capacity) mit der Folge der Rechtsunwirksamkeit (Nichtigkeit) dennoch abgeschlossener Verträge durch Verzicht oder Übertragung von Teilen dieser Fähigkeit — z. B. auf Internationale Organisationen — denkbar sind.[1] Die Frage ist — gerade im Hinblick auf die Europäischen Gemeinschaften — umstritten, dürfte jedoch zu verneinen sein.[2]

Bemerkenswert ist, daß Art. 6 Entwurf die Vertragsschlußfähigkeit von Staaten in Analogie zur WVK nicht mehr aufgreift. Eine derartige Wiederholung hätte allerdings gerade unter dem eben genannten Aspekt im Hinblick auf Verträge Internationaler Organisationen mit ihren Mitgliedstaaten,[3] die der Organisation ja Vertragsschlußzuständigkeiten übertragen haben, Sinn machen können. Vor allem aber hat die ILC ganz zu Recht bei den in diesen Zusammenhang gehörigen Art. 27 und 46, aber auch an anderen Stellen, die für Staaten — im Verhältnis zu Internationalen Organisationen — geltende Rechtslage eigens angeführt und hat nicht einfach die Anwendbarkeit der WVK-Regeln grundsätzlich unterstellt. Die ausdrückliche Übernahme dieser Regeln in den Entwurf ist nämlich deshalb konsequent, weil die WVK sich ausschließlich mit zwischenstaatlichen Rechtsbeziehungen befaßt. Im Vergleich zu anderen

[1] Dazu *Geiger*, Die völkerrechtliche Beschränkung der Vertragsschlußfähigkeit von Staaten (1979), S. 179 ff.; *Verdross / Simma*, Universelles Völkerrecht (3. Aufl. 1984), S. 436.

[2] Ebenso *Krück*, Völkerrechtliche Verträge im Recht der Europäischen Gemeinschaften (1977), S. 147.

[3] Diese Verträge erfaßt der Entwurf gleichfalls, vgl. nur ILC Report 1982, S. 109.

Vorschriften handelt es sich somit bei Art. 6 Entwurf um eine „hinkende" Vorschrift, was wenig glücklich ist.[4]

b) Anknüpfung des Entwurfs an die vorhandene Vertragsschlußfähigkeit Internationaler Organisationen

Sehr viel bedeutsamer ist freilich die im Entwurf angesprochene Frage der Vertragsschlußfähigkeit Internationaler Organisationen; im Grunde ist sie von ihm natürlich vorausgesetzt. Ebensowenig wie die Diskussionen innerhalb der ILC zum Vertragsrecht, die später zur WVK geführt haben,[5] hat der nunmehr vorliegende Entwurf diese Frage theoretisch zu beantworten gesucht. Die gegenwärtige Fassung des Art. 6 („The capacity of an international organization to conclude treaties is governed by the relevant rules of that organization.")[6] läßt offen, ob die Vertragsschlußfähigkeit Internationaler Organisationen, wie es der ganz überwiegenden Ansicht entspricht, konstitutiv vom Gründungsvertrag verliehen wird,[7] oder ob sie sich unmittelbar aus dem Völkergewohnheitsrecht, wie bei Staaten, herleitet, aber ggfls. bestimmte, durch den Gründungsvertrag der Organisation auferlegte Beschränkungen enthält[8]. Diese Zurückhaltung ist nicht zu kritisieren, da es nicht Aufgabe der vorbereiteten Konvention sein kann, Internationalen Organisationen Vertragsschlußfähigkeit zuzuerkennen, sondern es kann lediglich darum gehen, diese Vertragsschlußfähigkeit — soweit eben vorhanden — anzuerkennen.[9] Auch die Fragen betreffend Notwendigkeit und Rechtswirkungen der Anerkennung Internationaler Organisationen durch Drittstaaten werden nicht präjudiziert.[10]

Hinzuweisen ist allerdings darauf, daß der Entwurf nicht ausschließlich auf den Gründungsvertrag Bezug nimmt, sondern mit dem Begriff „rele-

---

[4] Demgegenüber ist die Begründung der ILC (Report 1982, S. 43) nicht überzeugend: „But it was felt that such a reminder was unnecessary and that the whole weight of article 6 could be concentrated on the case of international organisations."

[5] Vgl. die Vorschläge der damaligen Berichterstatter (*Brierly, Lauterpacht* und *Waldock*) und die dazu erfolgte Diskussion: Report *Brierly*, YBILC 1950 II, S. 223; 1950 I, S. 88; Report *Lauterpacht*, 1953 II, S. 137, 140; Report *Waldock*, 1962 II, S. 36; 1962 I, S. 193 und 240.

[6] ILC Report 1982, S. 41; die vorangegangenen Fassungen finden sich in 3rd report *Reuter*, YBILC 1974 II part 1, S. 145 und 150. Ebenso inhaltsarm zur theoretischen Frage sind die Vorschläge von *Dupuy* und die dazu ergangene Resolution des Institut de Droit International, Annuaire IDI 55 (1973), S. 214 ff., S. 355 ff. (314, 381 und 797).

[7] Vgl. etwa *Verdross / Simma* (Anm. 1), S. 438; *Zemanek*, EPIL 5, S. 168 ff.; ders., Das Vertragsrecht der Internationalen Organisationen (1957), S. 43 ff.; *Hartmann*, The Capacity of International Organizations to Conclude Treaties, in: *Zemanek*, Agreements of International Organizations and the Vienna Convention on the Law of Treaties (1971), S. 127 ff.

[8] So *Seyersted*, Objective International Personality of Intergovernmental Organizations (1963); ders., öZöRVR 34 (1983), S. 261 ff. (263).

[9] YBILC 1974 I, S. 235.

[10] YBILC 1974 I, S. 149.

vant rules of the organization" auch vor allem eine Erweiterung ihrer Vertragsschlußfähigkeit durch eine Entwicklung ihrer Praxis ermöglicht.[11]

c) Ultra vires-Problematik: „Filterfunktion" von Art. 6 Entwurf?

Ein weiteres wichtiges Problem ist, welche Rechtsfolgen dem Abschluß eines Vertrages jenseits der Vertragsschlußfähigkeit eines Beteiligten zukommen (ultra vires-Problematik). Im Hinblick auf Staaten ist fraglich, ob diese Konstellation überhaupt eintreten kann; sie setzt die — nach heutigem Völkerrecht allenfalls mögliche — freiwillige Selbstbeschränkung[12] voraus. Dem Verstoß gegen diese Beschränkung als eine quasidingliche Regelung kann vereinbarungsgemäß inter partes — und erweitert auf Dritte durch deren Anerkennung — die Rechtsfolge der Nichtigkeit beigelegt werden,[13] aber dies ist nicht Inhalt einer Norm des allgemeinen Völkerrechts, sondern bedarf des jeweils festzustellenden Konsenses.

Demgegenüber ist die Situation im Hinblick auf Verträge Internationaler Organisationen, die jenseits der Vertragsschlußfähigkeit geschlossen werden, sehr viel weniger durchsichtig, jedenfalls dann, wenn man davon ausgeht, daß die Organisationen nur über die ihr von den Mitgliedern zugeordnete Rechts- und Handlungsfähigkeit verfügen. Überkommener Auffassung entspricht die Nichtigkeit darüber hinausgehender Akte,[14] wenngleich sich neuerdings in der Literatur deutliche Einschränkungen dieser Ansicht insbesondere unter dem Aspekt des Vertrauensschutzes finden[15]. Unter dem Entwurf stellt sich jedenfalls die Frage, ob nicht die Regelung dieses Problems den Artikeln 46 und 27 überantwortet wurde, dem Art. 6 also keine Filterfunktion zukommt in dem Sinne, daß die hier erörterten ultra vires-Verträge (also jenseits der „capacity" der Organisation) überhaupt nicht mehr dem Anwendungsbereich der Art. 46 und 27 unterfallen. Eine Antwort hierauf macht eine Untersuchung der Reichweite dieser beiden Vorschriften notwendig.

2. Die Bedeutung von Art. 46 Entwurf

a) Vertragsschlußfähigkeit und Vertragsschlußkompetenz

Art. 46 folgt dem Aufbau vieler anderer Bestimmungen des Entwurfs, indem er — unter allgemeiner Orientierung an Art. 46 WVK — für

[11] *Zemanek* (Anm. 7), S. 170; vgl. auch 3rd report *Reuter*, YBILC 1974 II part 1, S. 152. Dies entspricht auch der Haltung des Institut de Droit International, Annuaire IDI 55 (1973), S. 797 (unter II.).

[12] Gegen die Rechtsbeschränkung als Protektorat *Geiger* (Anm. 1), S. 160 ff.

[13] Op. cit., S. 240 ff.

[14] Vgl. etwa *Dahm*, Völkerrecht Bd. 3 (1961), S. 59; *Mosler*, in: *Strupp/Schlochauer*, Wörterbuch des Völkerrechts Bd. 3 (2. Aufl. 1962), S. 668 ff.

[15] *Osieke*, AJIL 77 (1983), S. 239 ff.; *Seidl-Hohenveldern*, Das Recht der Internationalen Organisationen einschließlich der Supranationalen Gemeinschaften (4. Aufl. 1984), S. 225 (Rdnr. 1516); *Krück* (Anm. 2), S. 148 f.; *Zuleeg*, GYIL 27 (1984), S. 367 ff. (373). — Hinzu kommt die Unklarheit darüber, was Nichtigkeit im Völkerrecht bedeuten kann, vgl. *Cahier*, RGDIP 76 (1972), S. 664 ff.

Staaten und Internationale Organisationen getrennt festlegt, unter welchen Voraussetzungen sie ihre Vertragsbindung unter Berufung auf eine Verletzung ihres „internen" Rechts in Frage stellen können.

Art. 46 Abs. 1 Entwurf[16] übernimmt für Staaten aus Art. 46 WVK identisch die Wendung „internal law regarding competence to conclude treaties". Die damit angesprochene Kompetenz bezieht sich nicht auf die in Art. 6 WVK angeführte und in Art. 6 Entwurf vorausgesetzte Vertragsschlußfähigkeit von Staaten, da diese dem Staat als solchem unmittelbar kraft allgemeinen Völkerrechts in umfassender Weise zusteht. Die in Art. 46 Abs. 1 Entwurf genannten Kompetenzen beziehen sich daher (analog Art. 46 WVK) in erster Linie auf die Zuständigkeitsverteilung zwischen den Staatsorganen hinsichtlich der nach außen gerichteten Erklärung des Vertragswillens, darüber hinaus aber auch auf solche substantiellen innerstaatlichen Vorschriften, welche die Bildung dieses Willens formell und materiell beeinflussen.[17] In der Tat besteht kein Anlaß, diese Frage bei Verträgen zwischen Staaten und Internationalen Organisationen anders als bei zwischenstaatlichen Verträgen zu regeln, auch nicht bei Verträgen zwischen Mitgliedstaaten und ihrer Organisation.

Die ILC hat sich für Internationale Organisationen in Art. 46 Abs. 3 Entwurf auf die Formel „rules of the organization regarding competence to conclude treaties" geeinigt. Obgleich die Wortwahl eine Entsprechung von Tatbestand und Rechtsfolge mit Abs. 1 nahelegt, drängt sich die Frage auf, ob hier nicht deshalb ein ganz anderer Inhalt gegeben ist, weil die Vertragsschluß*kompetenz* der Internationalen Organisation auch im Sinne ihrer Vertragsschluß*fähigkeit* verstanden werden muß.

Die Frage ist nicht leicht zu beantworten. Ein negatives Argument ist die in Art. 6 und 46 Entwurf gebrauchte unterschiedliche Begrifflichkeit: Der „capacity" (capacité) wird die „competence" (compétence) zur Seite gestellt. Eine „Fähigkeit" oder „Rechtsmacht" ist aber grundsätzlich etwas anderes als die sich zwar aus der Rechtsmacht ergebende, aber in der Regel noch der Konkretisierung bedürftige „Kompetenz" oder „Zuständigkeit".[18] Zu bedenken ist auch, daß die Kapazitätsüberschreitung einer Internationalen Organisation notwendig einen Übergriff in den Kapazitäts- und Kompetenzbereich anderer Völkerrechtssubjekte bedeutet, der von dem der Internationalen Organisationen durch einen — anderen als den konkreten in Rede stehenden — völkerrechtlichen Vertrag abgegrenzt wird.[19] Es wird also deutlich, daß dann, wenn auch Kapa-

[16] ILC Report 1982, S. 106.

[17] Das Problem ist umstritten, aber wie im Text zu Recht *Verdross / Simma* (Anm. 1), S. 446 f.

[18] Dazu die scharfsinnigen Überlegungen von *Schneider*, Festschrift *Möhring* (1965), S. 521 ff. (523 f.).

[19] Vgl. dazu auch den zweiten Bericht von *Dupuy* (Anm. 6), S. 377.

zitätsverstöße von Art. 46 Abs. 3 Entwurf erfaßt sind, Art. 46 für Internationale Organisationen und ihre Mitgliedstaaten ein ganz anderes Gewicht erhält, als es Art. 46 Abs. 1 Entwurf und Art. 46 WVK für Staaten haben.

Freilich gibt es auch gute, wohl überwiegende Gründe dafür, von dieser Bedeutungserweiterung des Art. 46 Abs. 3 Entwurf für Internationale Organisationen auszugehen. Dafür spricht zunächst die Überlegung, daß sowohl Zuerkennung der Rechtsmacht (Fähigkeit) der Internationalen Organisation durch die Mitgliedstaaten als auch die Kompetenzen der Organisation und ihrer Organe auf dem Gründungsvertrag bzw. — weitergehend — den „rules of the organization" beruhen und es von daher zumindest zweifelhaft erscheint, Verletzungen verschiedenen Konsequenzen zu unterwerfen. Hinzuzunehmen sind die Häufigkeit des Auftretens Internationaler Organisationen im Völkerrechtsverkehr, die zahlreichen Fälle, in denen es schwer zu durchschauen ist, ob eine Organisation innerhalb ihrer vom Gründungsvertrag gezogenen Ziele agiert, insbesondere wenn man das Verhalten der Mitgliedstaaten, die Praxis der Organisation und die Auslegungsmaxime des effet utile hinzunimmt, alles Komponenten, die ohne einen ausgeprägten Vertrauensschutz der Vertragsparteien die Rechtssicherheit erheblich beeinträchtigen könnten.[20] In eben diese Richtung weisen auch die von Dupuy im Rahmen des *Institut de Droit International* gemachten Vorschläge, die eine Differenzierung zwischen Organisationszuständigkeits- und Organzuständigkeitsverstößen nicht vornehmen und die insoweit nicht auf Kritik stießen.[21] Schließlich ist die konkrete Ausgestaltung des Art. 46 Entwurf selbst geeignet, mögliche Bedenken gegen die hier angenommene Konzeption einzudämmen (siehe unten b).

Dennoch bleiben — ganz ungeachtet der Frage, welchen Standpunkt das Völkergewohnheitsrecht einnimmt[22] — letzte Zweifel, ob der Entwurf der ILC wirklich so zu verstehen ist. Einzelne Ausführungen im Kommentar sind nicht eindeutig und lassen Raum für die Interpretation, daß eine Kapazitätsüberschreitung anderen Rechtsfolgen unterliegt als Kompetenzverstöße.[23] Die besseren Gründe sprechen jedoch für die einheitliche Behandlung in Art. 46 Entwurf.

b) Kompensierende Elemente: Qualität und Evidenz des Regelverstoßes

Zwischen Relevanz- und Irrelevanztheorie[24] hat sich Art. 46 WVK für die sogenannte Evidenztheorie entschieden, und sie liegt auch Art. 46

[20] *Seidl-Hohenveldern* (Anm. 15), S. 225; *Krück* (Anm. 2), S. 147 f.

[21] *Dupuy* (Anm. 6), S. 376.

[22] Zurückhaltend *Bernhardt*, EuR 1983, S. 199 ff. (206).

[23] Vgl. ILC Report 1982, S. 77, und dazu *Seyersted* (Anm. 8), S. 261 f.

[24] Dazu *Geck*, Die völkerrechtlichen Wirkungen verfassungswidriger Verträge (1963), S. 25 ff., 32 ff.

Entwurf zugrunde. Angesichts der eben erörterten Einbeziehung von Verstößen Internationaler Organisationen gegen ihre Vertragsschlußkapazität in diese Vorschrift ist dies in besonderer Weise hervorzuheben, da sich diese Kombination notwendig zu Lasten der Organisation (und ihrer Mitglieder) auswirkt. Es bleibt zu prüfen, ob insoweit kompensierende andere Elemente in die Regelung eingegangen sind.

aa) Während es unbestritten war, daß bei Staaten nur der Hinweis auf die Verletzung nationaler Rechtsregeln von grundsätzlicher Bedeutung in Betracht komme, war für Internationale Organisationen zunächst umstritten, ob nicht *jeder* Regelverstoß bezüglich ihrer — wie gesagt: weit zu interpretierenden — Vertragsschlußkompetenz genügen solle, um der Internationalen Organisation die Berufung auf die Ungültigkeit ihres Bindungswillens zu ermöglichen.[25] Eine solche Fassung wäre geeignet gewesen, den Schutz der Internationalen Organisation erheblich nach vorne zu verlagern. Doch sah die ILC letztlich, wohl aus Rechtssicherheitsgründen, keinen Anlaß, eine gegenüber Staaten abweichende Regelung zu treffen.[26] Demgegenüber ist es interessant, darauf hinzuweisen, daß der Berichterstatter des Institut de Droit International den umgekehrten Weg gegangen ist: Während Dupuy in der von ihm vorgelegten 1. Fassung seines Berichts (1971) über Verträge Internationaler Organisationen auf der Verletzung einer „disposition fondamentale" des Gründungsvertrags bestand (Art. 12), entfiel diese Einschränkung zugunsten der Wendung „violation des dispositions de son statut juridique" (Art. 10) im 2. Bericht; dies geschah angesichts erheblicher Einwände gegen die Lösung, von der Gültigkeit von Verträgen auszugehen, die einen der Organisation nicht erschlossenen Bereich betreffen.[27] Ungeachtet dessen dürfte der Verstoß gegen die Vertragsschlußfähigkeit und -kompetenz bei Internationalen Organisationen stets die Verletzung einer fundamentalen Norm sein.

bb) Eine weitere Gelegenheit, dem Rechtsschutz der Organisation zu dienen, bot sich bei der näheren Erläuterung dessen, was unter der Voraussetzung einer offenkundigen (manifest) Verletzung einer grundlegenden Norm zu verstehen sei.

Für Staaten übernahm Art. 46 Abs. 2 Entwurf die Definition aus Art. 46 Abs. 2 WVK mit geringfügigen Modifikationen, die berücksichtigen, daß Vertragspartner der Staaten — im Anwendungsbereich des Entwurfs — Internationale Organisationen sind. Da sich ja bei Verträgen, an denen mehrere Staaten und Internationale Organisationen beteiligt sind, die rein zwischenstaatlichen Rechtsbeziehungen nach wie vor nach der WVK

---

[25] YBILC 1979 I, S. 98.
[26] ILC Report 1982, S. 107.
[27] *Dupuy* (Anm. 6), S. 377.

richten,[28] wäre es hier an sich denkbar gewesen, nur auf den „Empfängerhorizont" der Internationalen Organisationen abzustellen. Tatsächlich aber kommt es bezüglich der Offenkundigkeit der Normverletzung nicht nur auf die objektive Evidenz für Internationale Organisationen, sondern auch für Staaten an, wobei nur auf das Verständnis solcher Organisationen und Staaten „referring in good faith to normal practice of States in the matter" abzustellen ist. Damit wird ein an der üblichen Staatenpraxis — weil es um die Bewertung staatlichen Verhaltens geht[29] — orientierter, einheitlicher und objektiver Maßstab geschaffen, anhand dessen zu entscheiden ist, ob ein Vertragsstaat zu Recht die Ungültigkeit seiner Vertragsbindung geltend machen kann. Zur entscheidenden Größe wird sozusagen das billig und gerecht denkende Völkerrechtssubjekt als abstrakte Größe gemacht. Die Einheitlichkeit des Maßstabs verhindert ein Auseinanderfallen der Beurteilung ungeachtet dessen, ob auf die WVK oder den Entwurf oder auf beide zurückzugreifen ist. Dem Anliegen von Art. 46, der Rechtssicherheit des Völkerrechtsverkehrs zu dienen, trägt dieser Maßstab Rechnung.

Als sehr viel schwieriger erwies es sich, einen geeigneten Maßstab zu finden, mit dessen Hilfe die Offenkundigkeit des Verstoßes gegen fundamentale Regeln der Organisation festgestellt werden kann.[30] Hierbei auf

---

[28] Siehe dazu oben bei Anm. 38 (1. Kapitel).

[29] Vgl. ILC Report 1982, S. 108.

[30] In der ILC wurden folgende Vorentwürfe behandelt:
YBILC 1977 I, 87:
„Article 46. Violation of provisions regarding competence to conclude treaties
1. A State may not invoke the fact that its consent to be bound by a treaty has been expressed in violation of a provision of its internal law regarding competence to conclude treaties as invalidating its consent unless that violation was manifest and concerned a rule of its internal law of fundamental importance."

Variant A

„2. An international organization may not invoke the fact that its consent has been expressed in violation of a provision of the rules of the organization regarding competence to conclude treaties as invalidating its consent unless that violation was manifest and concerned a rule of the organization of fundamental importance.
3. A violation is manifest if it would be objectively evident to any State and any organization conducting itself in the matter in accordance with normal practice and in good faith."

Variant B

„2. In the case referred to in the preceding paragraph, a violation is manifest if it would be objectively evident to any State conducting itself in the matter in accordance with normal practice and in good faith.
3. An international organization may not invoke the fact that its consent has been expressed in violation of a provision of the rules of the organization regarding competence to conclude treaties as invalidating its consent unless that violation was manifest and concerned a rule of the organization of fundamental importance.
4. In the case referred to in paragraph 3, a violation is manifest if it would be objectively evident to any State not a member of the organization concerned and any international organization conducting itself in the matter in accordance

die „übliche Praxis" Internationaler Organisationen abzustellen, war nicht akzeptabel, weil diese Praxis zu diffus ist, um als Leitlinie dienen zu können.[31] Nach Art. 46 Abs. 4 Entwurf kommt es vielmehr auf die positive Kenntnis an oder auf das Kennenmüssen „of any contracting State or of any contracting organization", also auf die vorhandene oder zumutbare Kenntnis der Vertragspartner. Diese Formulierung erweist sich insoweit als enger gegenüber der im Hinblick auf Staaten gefundenen Lösung, weil das Kennen oder Kennenmüssen nicht auf eine abstrakte Größe bezogen wird, sondern dem konkreten Kreis der Vertragspartner entstammen muß bzw. ihm zugerechnet werden kann. Als weiter erweist sich diese Formulierung dadurch, daß sie bereits das Kennenmüssen auf seiten der Vertragspartner ausreichen läßt, um der Internationalen Organisation die Berufung auf die Verletzung einer wesentlichen Regel zu ermöglichen. Diese Erleichterung wird nur verständlich, wenn man die oben erwähnten Grundsatzbedenken, Internationale Organisationen an kapazitäts- oder kompetenzwidrig abgeschlossenen Verträgen festzuhalten, in die Überlegungen miteinbezieht. Bei Verträgen mit Internationalen Organisationen geht der Vertragspartner ein größeres Risiko ein, weil er — anders als bei Staaten — nicht sicher sein kann, daß die Internationale Organisation a priori über die entsprechende Kapazität und die entsprechenden konkreten Kompetenzen verfügt. Diese notorische Unsicherheit wirkt sich konsequent in einer auch auf dem Vertrauensschutz basierenden Regelung wie Art. 46 Abs. 4 Entwurf aus.[32]

Besondere Auswirkungen hat dies vor allem in dem Fall, in dem Vertragspartner der Organisation eigene Mitgliedstaaten sind. Ihnen ist die Kenntnis der Regeln der Internationalen Organisation üblicherweise zu-

---

with the normal practice relating to that organization and in good faith."
YBILC 1977 I, 98:

„1. A State may not invoke the fact that its consent to be bound by a treaty between one or more States and one or more international organizations has been expressed in violation of a provision of its internal law regarding competence to conclude treaties as invalidating its consent unless that violation was manifest and concerned a rule of its internal law of fundamental importance.

2. A violation as indicated in paragraph 1 is manifest if it would be objectively evident to any State conducting itself in the matter in accordance with normal practice and in good faith, and is therefore also manifest for any international organization.

3. An international organization may not invoke the fact that its consent to be bound by a treaty has been expressed in violation of a provision of the relevant rules of the organization regarding competence to conclude treaties as invalidating its consent unless that violation was manifest.

4. A violation as indicated in paragraph 3 of a relevant rule of the organization in question concerning competence to conclude treaties is manifest if the rule, interpreted in good faith, is clear."

[31] Diesen Einwand erhob zu Recht das sowjetische ILC-Mitglied *Ushakov*, YBILC 1979 I, S. 89.

[32] Diese Überlegung wird im Kommentar der ILC nicht deutlich; ILC Report 1982, S. 108.

zumuten; es besteht kein Anlaß, ihren Anspruch auf Einhaltung des Vertrages gegenüber der Internationalen Organisation anzuerkennen. Sollten hingegen alle Mitglieder einer Internationalen Organisation an dem Vertrag beteiligt sein, so wäre eine Berufung der Organisation auf eine dem Vertrag entgegenstehende Regel möglicherweise bereits deshalb hinfällig, weil durch Vertragsabschluß eine neue Zuständigkeit konkludent begründet wurde; entgegenstehen könnte dem freilich eine verfestigte Rechtsordnung der Organisation, die nur unter bestimmten Verfahren abgeändert werden kann und dem ad hoc-Konsens der Mitgliedstaaten entzogen ist.

Allerdings wird man ein Kennenmüssen von Vertragspartnern, die nicht Mitgliedstaaten sind, dann wohl verneinen müssen, wenn, wie wohl sehr häufig, zumindest eine Mehrheit der Mitgliedstaaten — organisationsintern — dem Zustandekommen des Vertrags ihrer Organisation zugestimmt hat und damit offenbar von der entsprechenden Fähigkeit und Kompetenz der Organisation ausgegangen ist. Hier kann dem Nichtmitglied nicht mehr an Wissen zugemutet werden als den Mitgliedern selbst.[33]

cc) Freilich stellt sich in diesem Zusammenhang noch ein sehr schwerwiegendes Problem. Während Art. 46 Abs. 2 WVK und Entwurf zur Beurteilung der Evidenz des Normverstoßes auf eine abstrakt gedachte objektive Instanz abstellen, nämlich auf Staaten oder Internationale Organisationen, die sich an der normalen Staatenpraxis unter Beachtung von Treu und Glauben orientieren, verweist Art. 46 Abs. 4 Entwurf auf subjektive Elemente, nämlich auf Kenntnis oder zumutbare Kenntnis im Kreis der Vertragspartner. Diese subjektive Maßstäblichkeit läßt daran denken, daß die Berufung der Organisation auf den fundamentalen Normverstoß nur dem Partner gegenüber möglich ist, der über die relevante Kenntnis verfügt oder verfügen sollte, anderen gegenüber hingegen nicht. Würde also eine Internationale Organisation, die mit einigen ihrer Mitglieder und mit anderen Staaten kontrahiert hat, einen solchen Verstoß geltend machen, hätte sie damit Erfolg gegenüber ihren Mitgliedern, denen entsprechende Kenntnis zumutbar ist, nicht hingegen im Verhältnis zu den anderen Vertragspartnern; die Folge wäre ein Auseinanderfallen der Rechtswirkungen. Solche Konstellationen sind in dem in der Regel auf dem Prinzip der Gegenseitigkeit basierenden Vertragsrecht freilich nichts Außergewöhnliches und werden nur bei Verträgen mit integraler Erfüllungsstruktur zum Problem.[34] Dennoch ist fraglich, ob die sich aus Art. 46 WVK und Art. 46 Abs. 1 und 2 Entwurf ergebende Einheitlichkeit der Rechtsfolge nicht auch für Art. 46 Abs. 4 Entwurf zum Zuge kommen muß. In der ILC ist das Problem soweit ersichtlich nicht

[33] Vgl. zu dieser Konstellation *Bernhardt* (Anm. 22), S. 206.
[34] Vgl. *Verdross / Simma* (Anm. 1), S. 517 ff. m. w. N.

behandelt worden, doch spricht für die Einheitlichkeitslösung die allgemeine Orientierung der ILC an der WVK, aber auch die Schwierigkeit, den Bindungswillen bezüglich desselben Vertrages bei Vorliegen eines Verstoßes gegen eine grundlegende Norm der Organisation dem einen Partner gegenüber aufrecht zu erhalten, dem anderen gegenüber nicht.[35] An dieser Stelle zeigt sich, wie sinnvoll es ist, die Berufung auf den in Art. 46 Entwurf behandelten Ungültigkeitsgrund einem Verfahren zu unterwerfen, in dem alle Vertragsparteien zu Wort kommen können (Art. 65 ff. Entwurf) und in dem selbst wieder eine gegenüber allen Partnern einheitliche Lösung angestrebt wird; es ist allerdings nicht zu übersehen, daß aufgrund unterschiedlicher Streitbeilegungsmechanismen (vgl. Art. 65 Abs. 5 Entwurf) auch unterschiedliche Ergebnisse im Verhältnis der Organisation zu einzelnen ihrer Vertragspartner erzielt werden können.

3. Die Bedeutung von Art. 27 Entwurf

Während Art. 46 Entwurf sich mit dem Problem befaßt, ob der Verstoß gegen eine Norm des internen Rechts einer Vertragspartei die vertragliche Bindung entfallen läßt, verneint Art. 27 Entwurf[36] die Frage, ob unter Hinweis auf interne Rechtsregeln die Vertragserfüllung verweigert werden darf. Dies setzt, wie Art. 27 Abs. 3 deutlich macht, voraus, daß der Vertrag gültig ist; insoweit ist Art. 27 dem Art. 46 nachgeordnet. Die zu Art. 46 angestellten Überlegungen wirken sich damit mittelbar auch auf Art. 27 aus.[37]

Für Staaten wiederholt Art. 27 Abs. 1 Entwurf die in Art. 27 WVK enthaltene Regelung; die Berufung auf Vorschriften des internen (nationalen) Rechts rechtfertigen daher die Unterlassung der Vertragserfüllung nicht. Ob in Entsprechung hierzu bezüglich Internationaler Organisationen auf die „rules of the organization" abgestellt werden kann, war in der ILC zunächst streitig. Wieder ging es um das Argument, die Organisation bedürfe intensiveren Schutzes; dahinter steht der Gedanke, daß der Gründungsvertrag — als wichtigster Teil der Organisationsnormen — selbst ein völkerrechtlicher Vertrag ist, aber auch, daß hinter der Organisation die Mitgliedstaaten stehen, die bei einer gegen das Organisationsrecht verstoßenden Vertragserfüllung durch die Internationale Organisation mitbetroffen sind. Die Angleichung innerstaatlicher Normen an im Gegensatz hierzu stehende, eingegangene völkerrechtliche Verpflichtungen erscheint eher möglich als die entsprechende Anpassung des Gründungsvertrages einer Internationalen Organisation.[38] Darüber hinaus

[35] Eine Gleichstellung nimmt auch *Dupuy* in seinem 2. Bericht (Anm. 6), S. 382 vor (Art. 10 Abs 2).
[36] ILC Report 1982, S. 74.
[37] Dies macht auch der ILC Report 1982, S. 77 Anm. 89, deutlich.
[38] Vgl. YBILC 1977 I, S. 107 f.

wurde sogar die Auffassung vertreten, daß die legitime Ausübung der Funktionen der Internationalen Organisation stets Vorrang vor entgegenstehenden Vertragspflichten haben müsse.[39] Gedacht war dabei vor allem an den Fall, daß die Organisation in Durchführung einer eigenen Resolution einen Vertrag abschließt, aber später von dieser Resolution — und damit auch vom Vertrag — abrücken möchte.

In gewisser Weise ging die ILC zunächst auf dieses Bedenken ein, indem die Formulierung gewählt wurde, daß die Organisation sich auf Verletzungen ihrer internen Regeln nicht berufen könne „unless performance of the treaty, according to the intention of the parties, is subject to the exercise of the functions and powers of the organization"[40]; doch blieb damit diese Berufungsmöglichkeit vom Willen der Vertragspartner abhängig, stand also nicht im autonomen Belieben der Internationalen Organisation. Letztlich setzte sich diese 1. Fassung ebensowenig durch wie ein ähnlicher Vorschlag von Reuter („unless the treaty, by reason of its subject, depends on the adoption or maintenance of a decision of the organization")[41], da die aufgeworfenen Probleme durch entsprechende Vertragsgestaltung und -interpretation zu lösen seien.[42] Ein über Art. 46 hinausgehender Schutz Internationaler Organisationen sei nicht erforderlich, außerdem würden wohl auch die Fälle der vorgeschlagenen Ausnahme von Art. 46 selbst erfaßt.[43] Eine für Internationale Organisationen geltende, abweichende Regelung wurde daher nicht beschlossen. Dies bedeutet, daß eine Internationale Organisation, wenn sie einen Vertrag außerhalb ihrer Vertragsschlußfähigkeit und ihrer Kompetenzen abschließt, diesen Vertrag dennoch auszuführen verpflichtet ist, wenn nicht im Sinne des Art. 46 die Ungültigkeit der vertraglichen Bindung geltend gemacht werden kann. Die für Internationale Organisationen erweiterte Bedeutung des Art. 46 Abs. 1 findet daher in Art. 27 ihre Entsprechung.

Die fehlende Fähigkeit einer Internationalen Organisation zur Vertragserfüllung führt zur Anwendung der Regeln völkerrechtlicher Verantwortlichkeit, die nicht Gegenstand des Entwurfes sind (Art. 73 Entwurf). Gleichwohl öffnet Art. 27 ein Fenster in dieses Rechtsgebiet, das gerade im Hinblick auf Internationale Organisationen viele Unklarheiten aufweist,[44] nicht zuletzt im Hinblick auf die (subsidiäre) Durchgriffshaftung der Mitgliedstaaten; auch dies macht deutlich, wie sehr die Mitgliedstaaten, ungeachtet der eigenständigen Rechtspersönlichkeit der Organisation, von deren Aktivitäten betroffen sind. Die Frage, ob sie wirklich, soweit sie nicht selbst als Partner auftreten, als Dritte im Verhältnis zu

---

[39] ILC Report 1982, S. 75.
[40] YBILC 1977 I, S. 238.
[41] YBILC 1982 I, S. 9.
[42] YBILC 1982 I, S. 10; ILC Report 1982, S. 77 f.
[43] YBILC 1982 I, S. 13 f.
[44] Einen Überblick gibt *Ginther*, EPIL 5, S. 162 ff.

Verträgen ihrer Organisation anzusehen sind, leitet bereits zum nächsten Abschnitt über.

4. Wertung

Die gerade im hier diskutierten Bereich deutlich gewordene Übernahme der WVK-Regeln hat für Internationale Organisationen weitreichende Konsequenzen, die den im Entwurf theoretisch offengelassenen Streit über die Frage, woraus sich die Vertragsfähigkeit Internationaler Organisationen ergibt, durch die generelle Unterwerfung der Verletzungsfolgen unter Art. 46 und 27 Entwurf letztlich doch im Sinne der Gleichstellung Internationaler Organisationen mit Staaten lösen. Besonderheiten Internationaler Organisationen wirken sich vertragsrechtlich nur noch marginal aus. Damit ist aber zugleich eine gewichtige materielle Weichenstellung für das Recht der Internationalen Organisationen selbst gestellt, deren Konsequenzen möglicherweise im Augenblick noch nicht voll überschaubar sind.

3. Kapitel: Die Stellung Dritter und die Einbeziehung der Mitgliedstaaten in die vertraglichen Pflichten und Rechte ihrer Internationalen Organisation (Art. 36bis Entwurf)

1. Systematische Stellung

Der Abschnitt „Treaties and third States or third organizations" (Art. 34—38 Entwurf) schließt sich generell und eng an den Parallelabschnitt der WVK an.[1] Dies gilt vor allem für das gerade hier bedeutsame Konsensprinzip.[2] Die vom Entwurf erfaßten Verträge erzeugen daher Rechte und Pflichten für dritte Staaten und Internationale Organisationen, also solche, die nicht selbst Vertragsparteien sind, nur dann, wenn diese entsprechend Art. 35 oder 36 Entwurf ihre Zustimmung erteilt haben. Die damit vorgenommene Gleichstellung von Staaten und Internationalen Organisationen ist keineswegs selbstverständlich, weil das in Art. 34 WVK ausgedrückte Prinzip als zwangsläufige Konsequenz souveräner Gleichheit bzw. gleicher Souveränität erscheint, die Staaten, nicht aber Internationalen Organisationen zukommt. Freilich stehen hinter Internationalen Organisationen — zuletzt[3] — immer Staaten. Vor allem aber die gedankliche Verknüpfung zweier Gesichtspunkte erweist die dem Entwurf zugrunde liegende Parallelisierung als sinnvoll, nämlich das Verständnis des Vertrages als eines für die Parteien gleichermaßen maßgeblichen, sie koordinierenden Regelungswerkes und die im Entwurf enthaltene Anerkennung Internationaler Organisationen als auf der

---

[1] Nimmt man die WVK und den Entwurf zusammen, so ergibt sich: Vom Entwurf erfaßt sind belastende und begünstigende rechtliche Wirkungen von Verträgen zwischen Staaten und Internationalen Organisationen für Drittstaaten und Drittorganisationen sowie von Verträgen zwischen Internationalen Organisationen für Drittorganisationen und Drittstaaten. Die WVK erfaßt hingegen die belastenden und begünstigenden Rechtswirkungen von zwischenstaatlichen Verträgen für Drittstaaten. WVK und Entwurf (Art. 5) erfassen zwar nicht über die Drittkonzeption, wohl aber im übrigen Internationale Organisationen, die durch einen Vertrag erst errichtet werden. Außerhalb des Anwendungsbereichs von WVK und Entwurf stehen jedoch nur zwischen Staaten abgeschlossene Verträge, mit denen schon existierenden Internationalen Organisationen Rechte und Pflichten auferlegt werden sollen (ILC Report 1982, S. 85 und 88), und nicht geregelt ist auch der Fall, daß eine Internationale Organisation durch nachträgliche Einräumung von Zuständigkeiten ihre Mitgliedstaaten in einem diese betreffenden Vertragsverhältnis (partiell) substituiert (oben Anm. 51, 1. Kapitel); vgl. etwa das Verhältnis EG—GATT und dazu *Petersmann*, EuR 1985, S. 78 ff. (80).

[2] Vgl. ILC Report 1982, S. 17 („principle of consensuality").

[3] Selbst dann, wenn die Mitglieder einer Internationalen Organisation ausschließlich aus (anderen) Internationalen Organisationen bestehen; vgl. dazu op. cit., S. 40.

völkerrechtlichen Ebene handlungs- und zu eigener Willensbildung fähiger Rechtssubjekte.

Allerdings durchbricht der Entwurf dieses Konzept an einem wichtigen Punkt. Die dort in Art. 36 Abs. 1 (entsprechend Art. 36 Abs. 1 WVK) eingeführte widerlegbare Vermutung, daß Drittstaaten die ihnen durch fremde Verträge eingeräumten Rechtspositionen bis zum Erweis des Gegenteils akzeptieren, ist auf Internationale Organisationen nicht erstreckt worden; hier wird vielmehr eine positive, an den einschlägigen Organisationsregeln[4] orientierte Zustimmung vorausgesetzt.[5] Die Begründung wird in der — im Unterschied zu Staaten — grundsätzlich beschränkten Handlungsfähigkeit Internationaler Organisationen gesehen,[6] die sich auf deren Struktur und damit vor allem auf den Zuschnitt der Kompetenzen der in unterschiedlicher Weise von Gesamt- oder Einzelinteressen geprägten Organe auswirkt. Die Vermutung der Zustimmung wäre daher geeignet, diese Beschränkung aufzuheben, indem ggfls. erforderliche Beschlüsse bestimmter Organe und dafür vorgeschriebene Mehrheiten unterlaufen werden.[7] Diese institutionalisierte Rückkoppelung Internationaler Organisationen an ihre Mitglieder ist mit der Situation von Staaten nicht vergleichbar; insoweit ist es auch durchaus plausibel, Rechte Internationaler Organisationen funktional, d. h. unter dem Aspekt des von den Mitgliedern eingeräumten Kompetenzbereichs zu sehen.[8]

Eben diese besondere Verbindung läßt daran zweifeln, ob die Mitglieder Internationaler Organisationen den Verträgen ihrer eigenen Organisation gegenüber Dritte sind. Mit Art. 36bis Entwurf, dessen Zählung schon auf seinen Sondercharakter, weil ohne Pendant zur WVK, hinweist und der sogar als „nucleus of the whole set of draft articles" bezeichnet wurde[9], hat die ILC diese Frage zwar grundsätzlich[10] bejaht. Doch werden für die Entstehung von Rechten und Pflichten — auf der völkerrechtlichen Ebene[11] — für die Mitgliedstaaten[12] durch Verträge

[4] Zum Begriff der „relevant rules of the organization", vgl. auch Art. 2 Abs. 1 lit. j Entwurf und op. cit., S. 34 f.

[5] Ebensowenig wie die WVK löst der Entwurf die theoretische Frage abschließend, ob das Recht eines Dritten durch den Vertrag selbst, also heteronom geschaffen werden kann, oder ob es dazu der Annahme des Dritten bedarf; vgl. dazu *Klein*, Statusverträge im Völkerrecht (1980), S. 218 f.; *Stoll*, Vereinbarungen zwischen Staat und ausländischem Investor (1982), S. 115 f.

[6] ILC Report 1982, S. 86.

[7] YBILC 1977 I, S. 132 und 133.

[8] Vgl. die Bemerkungen im ILC Report 1982, S. 86 Anm. 96.

[9] YBILC 1977 I, S. 135.

[10] Vgl. ILC Report 1982, S. 93 und 109.

[11] Im Gegensatz zum Binnenbereich der Internationalen Organisation verstanden, also im Verhältnis zu den Vertragspartnern der Internationalen Organisation.

[12] Art. 36bis Entwurf beschränkt sich auf den Fall, daß Mitglieder einer Internationalen Organisation ausschließlich Staaten sind; dazu ILC Report 1982, S. 94.

ihrer Internationalen Organisationen Voraussetzungen festgelegt, die von den in Art. 35 und 36 Entwurf enthaltenen Regeln in bemerkenswerter Weise abweichen. Die zuletzt angenommene Fassung der Vorschrift hat folgenden Wortlaut[13]:

*Article 36*bis
Obligations and rights arising for States members of an international organization from a treaty to which it is a party.

Obligations and rights arise for States members of an international organization from the provisions of a treaty to which that organization is a party when the parties to the treaty intend those provisions to be the means of establishing such obligations and according such rights and have defined their conditions and effects in the treaty or have otherwise agreed thereon, and if:

(a) the States members of the organization, by virtue of the constituent instrument of that organization or otherwise, have unanimously agreed to be bound by the said provisions of the treaty; and

(b) the assent of the States members of the organization to be bound by the relevant provisions of the treaty has been duly brought to the knowledge of the negotiating States and negotiating organizations.

2. Allgemeine Probleme des Art. 36bis Entwurf

a) Mitgliedstaaten als Dritte?

Die wichtigste Grundsatzfrage, die diese Bestimmung aufwirft, ist die schon erwähnte, ob die Mitgliedstaaten wirklich im strengen Sinne Drittstaaten bezüglich der völkerrechtlichen Verträge dieser Internationalen Organisationen sind. Auf der einen Seite ist die Internationale Organisation kollektives Handlungsinstrument ihrer Mitgliedstaaten und dient deren Interessen. Andererseits hat die Internationale Organisation eigene Rechtspersönlichkeit, und ihre Mitgliedstaaten haben auch nicht selbst den Vertrag ausgehandelt und unterzeichnet.[14] Stellt man auf den erstgenannten Aspekt ab, läßt sich eine Mitverpflichtung und -berechtigung der Mitgliedstaaten aus völkerrechtlichen Verträgen der Internationalen Organisation eher begründen als bei Betonung des zweiten Aspekts. Für die Vertragspartner der Internationalen Organisation kann die direkte Verpflichtung der Mitgliedstaaten schon aus prozessualen Gründen wichtig sein, da Internationale Organisationen vor dem Internationalen Gerichtshof nicht parteifähig sind und vertragsrechtliche Streitigkeiten so allenfalls vor ein Schiedsgericht gebracht werden können.[15] Stellt man dagegen die rechtliche Eigenständigkeit der Inter-

---

[13] Op. cit., S. 87; YBILC 1982 I, S. 252.
[14] YBILC 1982 I, S. 49. Zum Problem des „Gemischten Vertrages", siehe unten S. 45 f.
[15] YBILC 1981 I, S. 189.

nationalen Organisation in den Vordergrund, läßt sich eine Verpflichtung der Mitgliedstaaten bislang allenfalls über eine Stellvertretungsfunktion der Internationalen Organisation oder über die strenge Regel des Art. 35 Entwurf begründen.[16] Versuche einer systematischen, d. h. einer an der (in der Organisationssatzung vorgenommenen) Kompetenzverteilung orientierten Unterscheidung führen hier nicht weiter. So ist der Vorschlag, die Mitgliedstaaten bei exklusiver Kompetenz der Internationalen Organisation nicht als Drittstaaten, sie bei konkurrierender Kompetenz dagegen doch als Drittstaaten anzusehen,[17] in der ILC auf keine Resonanz gestoßen. Tatsächlich ist diese Unterscheidung auch nicht tragfähig. Der dahinter stehende Gedanke, den Mitgliedstaaten das „Sichverstecken" hinter der Organisation unmöglich zu machen, käme in dem Fall des Gebrauchmachens der Internationalen Organisation von ihrer konkurrierenden Kompetenz mit der Folge der Verdrängung der Zuständigkeit der Mitgliedstaaten nicht mehr zur Geltung. Streng juristisch-formal gesehen sind die Mitgliedstaaten — weil nicht selbst Vertragspartner — Drittstaaten zu den völkerrechtlichen Verträgen ihrer Organisation.[18] Sie sind jedoch Dritte mit besonderen Interessen an Kompetenzeinhaltung und Umsetzung des Vertrages und auch Drittstaaten mit besonderer Verantwortung, weil Träger der Internationalen Organisation. Dieser Konflikt zwischen dem Bedürfnis, den Mitgliedstaaten das Verbergen hinter der Internationalen Organisation zum Nachteil der Vertragspartner der Organisation zu erschweren, und dem Bedürfnis, die Mitgliedstaaten (oder einige von ihnen) vor für sie nicht akzeptablen Überraschungen zu bewahren,[19] erforderte eine Kompromißlösung. Diese konnte weder auf die Intention der Vertragsparteien noch auf die Zustimmung der Mitgliedstaaten verzichten; eine Abweichung vom Konsensprinzip liegt daher in beiden Richtungen nicht vor.[20] Es erschien allerdings aus Gründen des Funktionierens der Organisation ebenso wie aus Gründen der Beschleunigung des Vertragsschlußverfahrens als sinnvoll, vom Schriftlichkeitserfordernis der Zustimmung nach Art. 35 Entwurf abzusehen.[21]

b) Zur antizipierten Zustimmung der Mitglieder im Gründungsvertrag

Die Art. 36bis gegenüber Art. 35 und 36 Entwurf auszeichnende Flexibilität seiner Anforderungen an die Zustimmung der Mitgliedstaaten wirkt sich vor allem insoweit aus, als eine im Gründungsvertrag enthal-

---

[16] Eine Vertragserstreckung über Art. 29 Entwurf scheidet aus; siehe oben bei Anm. 59, 60 (1. Kapitel). Zum Gedanken der Stellvertretung vgl. *Cassese*, Communita' Internazionale 15 (1960), S. 471 ff. (477).

[17] YBILC 1981 I, S. 186.

[18] YBILC 1982 I, S. 119.

[19] YBILC 1982 I, S. 45.

[20] YBILC 1978 I, S. 193; 1981 I, S. 171 f.

[21] YBILC 1982 I, S. 38, 45 und 57.

tene antizipierte Zustimmungserklärung der Mitgliedstaaten zu Verpflichtungen und Berechtigungen aus Verträgen ihrer Internationalen Organisation für ausreichend erachtet wird, wie der Wortlaut des Art. 36bis eindeutig belegt. Freilich bietet die Europäische Wirtschaftsgemeinschaft mit Art. 228 Abs. 2 EWGV das derzeit wohl einzige Beispiel einer Internationalen Organisation, deren Mitglieder eine solche Vorwegerklärung ihrer Zustimmung zur eigenen Bindung aus Verträgen ihrer Organisation abgegeben haben.[22] Aus diesem Grunde wurde, insbesondere vom sowjetischen ILC-Mitglied, wiederholt der Vorwurf erhoben, Art. 36 bis regle nur die Situation supranationaler Gemeinschaften.[23] Da dies ein Sonderfall sei, dessen Eigenheit nicht auf andere Internationale Organisationen übertragen werden dürfe, solle man auf Art. 36bis wegen seines zu geringen Anwendungsbereichs verzichten.[24] Dagegen wurde aber eingewandt, daß Art. 36bis selbst dann sinnvoll wäre, wenn er nur die EWG beträfe. Die Vereinten Nationen müßten nämlich auch die Sondersituation der EWG unter dem Aspekt des Schutzes dritter Staaten behandeln dürfen.[25] Darüber hinaus waren in allen Fassungen des Art. 36bis immer auch noch andere Formen des Ausdrucks der Zustimmung als nur durch den Gründungsvertrag vorgesehen. Als mögliche Anwendungsfälle für diese Alternativen wurden institutionalisierte Zollunionen, Sitzabkommen und Fischereiabkommen genannt,[26] auch wenn dabei stets streitig blieb, ob aus derartigen Verträgen wirklich Rechte und Pflichten der Mitgliedstaaten gegenüber den Vertragspartnern der Internationalen Organisation entstehen. Am ehesten ist dies wohl noch für die Sitzabkommen im Hinblick auf die darin vereinbarte Immunität der Staatenvertreter und die Verpflichtung, die Gesetze des Gaststaates zu respektieren, anzunehmen. Wichtiger ist dagegen die Frage, ob es einen Trend zur institutionalisierten Integration — zumindest in ökonomischen Bereichen — gibt. Wenn ein solcher Trend existiert, wäre Art. 36bis auch mit Blick auf die Zukunft hinreichend legitimiert. Während das sowjetische ILC-Mitglied dies zunächst rundweg bestritt,[27] legten zwei afrikanische Kommissionsmitglieder dar, daß mehrere afrikanische Staaten in ihren Verfassungen die Möglichkeit von Kompetenzübertragungen auf Internationale Organisationen vorsehen[28]. Darüber hinaus gebe es in Afrika einen starken Trend zur wirtschaftlichen Integration.[29] Auf diesem Wege könne Art. 36bis den jungen Staaten hilfreich sein.[30]

---

[22] YBILC 1978 I, S. 198.
[23] YBILC 1978 I, S. 193.
[24] YBILC 1978 I, S. 200; 1982 I, S. 42.
[25] YBILC 1978 I, S. 196.
[26] YBILC 1982 I, S. 37.
[27] YBILC 1982 I, S. 42.
[28] YBILC 1982 I, S. 41 und 56 f.
[29] YBILC 1982 I, S. 56.
[30] YBILC 1982 I, S. 38 f.

c) Verpflichtungsgrund

Mit der (vorweggenommenen) Erklärung der Zustimmung durch den Gründungsvertrag ist freilich das entscheidende Problem noch nicht gelöst, woraus sich eigentlich die fragliche völkerrechtliche Berechtigung bzw. Verpflichtung der Mitgliedstaaten ergibt.[31] Der konkrete Vertrag der Internationalen Organisation als solcher kann diese Funktion nicht erfüllen; er muß zwar stets Rechte bzw. Pflichten für die Mitgliedstaaten intendieren, doch ist deren Kreation letztlich von der Zustimmungserklärung abhängig.[32] Wenn sie — wie im Falle des Art. 228 Abs. 2 EWGV — im Gründungsvertrag antizipiert ist, liegt es nahe, in diesem den Grund der völkerrechtlichen Bindung der Mitglieder zu sehen. Dagegen spricht jedoch, daß es nicht Aufgabe der Sonderrechtsordnung der Organisation sein kann, außerhalb ihres Binnenraumes völkerrechtliche Bindungen zu schaffen und damit einseitig Vertragswirkungen über den Kreis der Vertragsparteien hinaus zu erzeugen.[33] Art. 228 Abs. 2 EWGV betrifft daher nur das interne Verhältnis zwischen der Gemeinschaft und ihren Mitgliedern;[34] eine Außenwirkung kommt ihm nicht zu.

Im Verhältnis der (Mitglied-) Staaten und Internationalen Organisationen, für die Art. 36bis in Kraft tritt, ließe sich überlegen, ob diese Norm nicht einer Bestimmung wie Art. 228 Abs. 2 EWGV die ihr zunächst fehlende Außenwirkung verleihen kann; insoweit könnte man von einer gemäß Art. 36bis konsentierten Befugnis der Organisation bzw. ihrer Rechtsordnung sprechen, die völkerrechtliche Bindung ihrer Mitglieder gegenüber den Vertragsparteien,[35] falls von diesen gewünscht, zu begründen. Die gesuchte Grundlage der rechtlichen Bindung der Mitgliedstaaten an Verträge ihrer Organisation wäre dann in der Kombination des konkreten Vertrages, des Gründungsvertrages und des Art. 36 bis zu sehen.

3. Einzelfragen und Wertung

Die drei wesentlichen Voraussetzungen, die Art. 36bis für die Bindung der Mitgliedstaaten aus einem Vertrag ihrer Internationalen Organisation vorschreibt, nämlich entsprechender Wille der Vertragsparteien, Zustimmung der Mitgliedstaaten und Kenntnis dieser Zustim-

---

[31] Vgl. dazu YBILC 1977 I, S. 138.

[32] Eine Vermutung der Akzeptierung von Rechten wie bei Art. 36 Abs. 1 Entwurf greift hier nicht ein; siehe auch unten S. 42 ff.

[33] Zu Recht *Krück*, Völkerrechtliche Verträge im Recht der Europäischen Gemeinschaften (1977), S. 127.

[34] Vgl. *Bernhardt*, EuR 1983, S. 199 ff. (211).

[35] Art. 36bis Entwurf läßt offen, ob die völkerrechtliche Bindung (im Sinne von Berechtigung und Verpflichtung) der Mitgliedstaaten auch im Verhältnis zu ihrer Internationalen Organisation eintritt, oder ob es insoweit allein bei der durch die Sonderrechtsordnung geschaffenen Rechtsbeziehung bleiben soll. Zur Lösung dieser Frage ist auf Art. 228 Abs. 2 EWGV zurückzugreifen, der wohl dahin zu interpretieren ist, daß nur das Gemeinschaftsrecht maßgeblich ist.

mung vor Vertragsabschluß, sind in den vorausgegangenen fünf Fassungen dieser Vorschrift[36] nur in unzureichender Weise gewährleistet gewesen.

---

[36] YBILC 1977 I, S. 134; 1978 I, S. 193; 1981 I, S. 173; 1981 I, S. 185; 1982 I, S. 47. — Dies gilt ebenso für die von *Dupuy* dem IDI vorgelegten Vorschläge, Annuaire IDI 55 (1973), S. 214 ff., S. 355 ff. (316 [Art. 10] und 382 [Art. 9]).
YBILC 1977 I, S. 134:

„*Article 36bis. Effects of a treaty to which an international organization is party with respect to States members of that organization*

1. A treaty concluded by an international organization gives rise directly for States members of an international organization to rights and obligations in respect of other parties to that treaty if the constituent instrument of that organization expressly gives such effects to the treaty.

2. When, on account of the subject-matter of a treaty concluded by an international organization and the assignment of the areas of competence involved in that subject-matter between the organization and its member States, it appears that such was indeed the intention of the parties to that treaty, the treaty gives rise for a member State to:

(i) rights which the member State is presumed to accept, in the absence of any indication of intention to the contrary;

(ii) obligations when the member State accepts them, even implicity."

YBILC 1978 I, S. 193:

„*Article 36bis. Effects of a treaty to which an international organization is party with respect to third States members of that organization*

Third States which are members of an international organization shall observe the obligations, and may exercise the rights, which arise for them from the provisions of a treaty to which that organization is a party if:

(*a*) the relevant rules of the organization applicable at the moment of the conclusion of the treaty provide that the States members of the organization are bound by the treaties concluded by it; or

(*b*) the States and organizations participating in the negotiation of the treaty as well as the States members of the organization acknowledged that the application of the treaty necessarily entails such effects."

YBILC 1981 I, S. 173:

„The assent of States members of an international organization to obligations arising from a treaty concluded by that organization shall derive from:

(*a*) the relevant rules of the organization applicable at the moment of the conclusion of the treaty which provide that States members of the organization are bound by such a treaty; or

(*b*) the acknowledgement by the States and organizations participating in the negotiation of the treaty as well as the States members of the organizations that the application of the treaty necessarily entails such effects."

YBILC 1981 I, S. 185:

„An obligation arises for a State member of an international organization from a provision of a treaty by that organization if:

1. the relevant rules of the organization applicable at the moment of the conclusion of the treaty so provides, or the State member of the international organization acknowledges that it is bound by that obligation;

2. the parties to the treaty intend that provision as a means of establishing the obligation."

YBILC 1982 I, S. 47:

„A treaty to which an international organization is a party does not create obligations with respect to States members of that organization without their consent / assent. States members will be considered to have given such consent/ assent where:

a) Konsens der Vertragsparteien und Widerruf der Berechtigung oder Verpflichtung

So wurde dem Willen der Vertragsparteien in mehreren Formulierungen nicht ausreichend Rechnung getragen, nämlich immer dann, wenn für die Erstreckung der Vertragswirkungen auf die Mitgliedstaaten der Internationalen Organisation ausschließlich auf die entsprechenden Gründungsvertragsnormen abgestellt wurde.[37] Demgegenüber wurde immer wieder zu Recht betont, daß es in erster Linie Sache der Vertragsstaaten sei, die Konsequenzen des Vertrages zu bestimmen. Die endgültige Fassung trägt diesem Erfordernis nunmehr in vollem Umfang Rechnung.

Dies gilt auch für den Fall des Widerrufs von Berechtigungen oder Verpflichtungen der Mitgliedstaaten; freilich treten insofern wieder andere Fragen auf. Art. 37 Entwurf, der die Widerrufsproblematik im Verhältnis zu normalen Drittstaaten (und Drittorganisationen) behandelt, sieht in enger Anlehnung an Art. 37 WVK eine getrennte Regelung für den Widerruf von Rechten und Pflichten vor, die sowohl der vorausgegangenen (vertragsähnlichen?) Zustimmung der Dritten als auch dem grundsätzlich zu vermutenden Willen der Parteien, Herren des Vertrags zu bleiben, Rechnung trägt. Die zunächst vorgesehene, wenngleich besonders geregelte Einbeziehung auch der Mitglieder einer Internationalen Organisation in das Regime des Art. 37 Entwurf[38] erschien als zu kompli-

---

(*a*) The constituent instrument of the organization applicable at the moment of the conclusion of the treaty expressly provides that States members of the organization are bound by such a treaty; or

(*b*) States members of the organization expressly undertake to assume such obligations."

Dupuy, Annuaire IDI 55 (1973), S. 214 ff. (316):

„*Article 10:*

Effets à l'égard des Etats membres.

Un accord conclu légalement par une Organisation internationale engage juridiquement tous ses membres."

Dupuy, Annuaire IDI 55 (1973), S. 355 ff. (382):

„*Article 9:*

1. Sauf disposition contraire de son statut juridique, un accord conclu par une organisation ne peut, sans leur consentement, mettre à la charge des Etats membres des obligations que l'exercice régulier de ses compétences ne pourrait leur imposer.

2. La conclusion régulière d'un accord par une Organisation internationale interdit à ses Etats membres tout comportement qui aurait pour objet ou pour résultat d'empêcher l'exécution de l'accord."

[37] So im Fall der 1., 3. und 5. Fassung.

[38] YBILC 1977 I, S. 143 f.

Art. 37 Abs. V, VI:

„5. An obligation or a right which has arisen for States members of an international organization under the conditions laid down in paragraph 1 of article 36*bis* may be revoked or modified only with the consent of the parties to the treaty unless the constituent instrument of the organization provides otherwise or unless it is established that the parties to the treaty had agreed otherwise.

ziert und festgelegt, um der Vielfalt möglicher Fälle und insbesondere dem prekären Verhältnis von organisationsinterner Regelung (Gründungsvertrag) zum bestimmenden Willen der Vertragsparteien Rechnung tragen zu können.[39] Die ILC entschloß sich daher, die Widerrufsproblematik im Hinblick auf Mitgliedstaaten einer vertragschließenden Organisation ganz aus Art. 37 herauszunehmen und dafür bereits in Art. 36bis selbst eine Regelung bereitzustellen. Diese Bestimmung geht nämlich davon aus, daß die Vertragsparteien nicht nur die Berechtigung oder Verpflichtung der Mitglieder der vertragschließenden Internationalen Organisation als solche intendieren, sondern darüber hinaus die Voraussetzungen und Wirkungen der erstreckten Vertragsbindung definieren („have defined their conditions and effects in the treaty or have otherwise agreed thereon"). Damit werden die Modalitäten eines Widerrufs dem jeweiligen Vertrag zur Klärung überlassen, den Vertragsparteien alle wünschenswerte Freiheit gegeben und ein Höchstmaß an Flexibilität gewahrt. Allerdings bleibt offen, was gilt, wenn diese Vorsorge im konkreten Fall nicht getroffen wird. Es ist schwerlich anzunehmen, daß das Fehlen entsprechender Regelungen im Vertrag die Wirkungen des Art. 36 bis nicht soll auslösen können, wenn dessen übrige Voraussetzungen gegeben sind. Muß aber dann im Widerrufsfall nicht doch auf die allgemeine Regel des Art. 37 zurückgegriffen werden mit der möglichen Folge einer Aufsplitterung des Vertragsregimes, etwa wenn nicht alle Mitgliedstaaten der Organisation dem Verpflichtungswiderruf zustimmen (vgl. 37 Abs. 1) ? Diese Folge widerspräche jedoch der Geschlossenheit der von Art. 36bis anvisierten Lösung, obwohl gerade die Herausnahme dieses ganzen Fragenkreises aus der endgültigen Fassung des Art. 37 belegt, daß diese Geschlossenheit angestrebt wurde. Auch ein unmittelbarer Rückgriff auf das ja noch fortgeltende allgemeine Völkergewohnheitsrecht[40] ist problematisch, da dieses wohl noch strikter als Art. 37 WVK und Entwurf den Vertragsparteien die Disposition über ihren Vertrag beläßt.[41]

b) Zustimmung aller oder einzelner Mitgliedstaaten

Auch die Notwendigkeit des Zustimmungswillens der Mitgliedstaaten war in den Vor-Fassungen nicht stets deutlich genug herausgearbeitet worden. Zum Teil wollte man sich mit der bloßen Kenntnisnahme der Mitgliedstaaten von ihrer intendierten Mitverpflichtung begnügen,[42] zum

6. An obligation or a right which has arisen for States members of an international organization under the conditions laid down in paragraph 2 of article 36*bis* may be revoked or modified only with the consent of the parties to the treaty and of the State member of the organization, unless it is established that they had agreed otherwise."

[39] ILC Report 1982, S. 90 ff.

[40] Siehe oben in Anm. 61 (1. Kapitel).

[41] Zum Problem *Klein* (Anm. 5), S. 254 ff., 258 ff.

[42] Jedenfalls in dieser Richtung die 2. Fassung, YBILC 1978 I, S. 193.

Teil wurde bezüglich einer vorweggenommenen Zustimmung nicht nur auf den Gründungsvertrag, sondern auf die „relevant rules of the organization" abgestellt[43] und damit die Gefahr heraufbeschworen, daß die Internationale Organisation selbst die Bedingungen bestimmen kann, unter denen Verpflichtungen für ihre Mitgliedstaaten entstehen, da gemäß Art. 2 Abs. 1 (j) Entwurf auch die Praxis und einseitige Akte der Internationalen Organisation zu den „rules of the organization" gehören.[44]

Demgegenüber verlangt der Entwurf jetzt die klare Zustimmung aller Mitgliedstaaten, auch wenn diese Zustimmung antizipiert (im Gründungsvertrag) erklärt sein kann.[45] Hieraus folgt zunächst, daß nicht nur — wie wohl stets — der Gründungsvertrag selbst einstimmig beschlossen sein muß, sondern daß dies auch für nachträgliche Änderungen der insoweit einschlägigen Gründungsvertragsbestimmungen gilt. Gemeint ist der Fall, daß ein Gründungsvertrag seine Änderung mit der Mehrheit seiner Mitglieder zuläßt (z. B. Art. 108 SVN) und auf diesem Weg eine Bestimmung beschlossen wird, die die Mitglieder auf die Verträge der Organisation verpflichtet. Die Rechtswirkungen des Art. 36bis können in diesem Fall nur eintreten, wenn die neu eingefügte Satzungsbestimmung tatsächlich im allseitigen Konsens zustandegekommen ist.

Natürlich ist die im Gründungsvertrag vorweggegebene Zustimmung desto problematischer, je länger seine Entstehungszeit zurückliegt. Dies könnte für den Versuch sprechen, den erforderlichen Konsens der Mitgliedstaaten näher an den konkreten Vertrag heranzuführen. Diesem Ziel käme eine Interpretation des Art. 36bis entgegen, wonach auf die übereinstimmende Zustimmung der Mitglieder im vertragschließenden Organ der Internationalen Organisation abgestellt wird, eine Bindung der Mitglieder also nicht eintreten würde, wo der Vertragsabschluß auf einem Mehrheitsbeschluß der Organisation beruht. An dieser Argumentation ist soviel richtig, daß die Zustimmung aller Mitglieder im vertragschließenden Organ der Organisation sicher als Form der einhelligen Zustimmung angesehen werden kann (z. B. im Ministerrat nach Art. 228 Abs. 1 EWGV), aber diese kann wegen des insoweit klaren Wortlauts von Art. 36bis nur neben die antizipierte Zustimmung gemäß Art. 228 Abs. 2 EWGV treten, nicht sie verdrängen; d. h., die völkerrechtliche Bindung der Mitglieder der EWG tritt im Sinne von Art. 36bis auch dann ein, wenn die Ratsentscheidung (Art. 228 Abs. 1 EWGV) nur eine

[43] 2. und 3. Fassung, YBILC 1978 I, S. 193; 1981 I, S. 173.

[44] Vgl. YBILC 1981 I, S. 189.

[45] Eine im Gründungsvertrag antizipierte Zustimmung der Mitgliedstaaten kann nur im Rahmen des Gründungsvertragszwecks gegeben sein; gründungsvertragswidrige Verträge der Organisation können zwar die Organisation verpflichten (siehe oben zu Art. 46 Entwurf), aber nicht zu einer völkerrechtlichen Verpflichtung der Mitglieder gemäß Art. 36bis Entwurf i. V. m. einer antizipierten Zustimmung führen; die Zustimmung könnte allerdings auch anders ausgedrückt werden.

Mehrheitsentscheidung ist. Fehlt es indes an einer Norm wie Art. 228 Abs. 2 EWGV, ist die Zustimmung der Mitglieder also nicht antizipiert, so bedarf die Zustimmung des Nachweises im konkreten Fall, sei es durch einstimmige Mitwirkung im vertragschließenden Organ der Organisation, sei es auf sonstige individuelle Weise. Von daher erklären sich auch die Bedenken, die z. B. die Vereinten Nationen gegen Art. 36bis Entwurf erhoben haben[46]. Die UN-Charta weist bekanntlich weder eine Art. 228 Abs. 2 EWGV analoge Vorschrift auf, noch liegt ihren Gremien die Einstimmigkeitsregel zugrunde (abgesehen davon, daß in den meisten Organen gar nicht alle Mitgliedstaaten vertreten sind), noch ist es wahrscheinlich, daß bei der Vielzahl von Mitgliedern die erforderliche Einstimmigkeit auf individueller Grundlage erzielt werden wird. Damit wirkt die Einstimmigkeitsregel des Art. 36bis insoweit fast prohibitiv und bewirkt, daß seine Rechtsfolge nicht eintreten kann.

Diese Rechtsfolge besteht in der vertraglichen Berechtigung bzw. Verpflichtung *aller* Mitgliedstaaten der vertragschließenden Organisation. Sofort stellt sich die Frage, was geschieht, wenn es trotz der von den Vertragsparteien intendierten Einbindung der Mitgliedstaaten nicht zur einstimmigen Zustimmung kommt, dazu vielmehr nur einige Mitglieder bereit sind. Kann dann auf das normale Drittstaatenregime zurückgegriffen werden, obgleich Art. 36bis seine Entstehung gerade der Erkenntnis verdankt, daß dieses Regime für den besonderen Status der Mitglieder der Organisation nicht recht paßt?[47] Kann in diesem Fall von der Vermutung der Zustimmung im Sinne des Art. 36 Abs. 1 Entwurf oder von der erklärten Zustimmung nur einzelner Mitgliedstaaten ausgegangen werden und ist soweit — bei Widerruf — das Revokationsregime des Art. 37 Entwurf adäquat? Oder ist auf die allgemeinen Regeln des gewohnheitsrechtlichen Völkervertragsrechts zurückzugreifen, die nicht in allen Details voll mit Art. 35 ff. Entwurf übereinstimmen? Beide Möglichkeiten implizieren die nicht nur formale, sondern auch materielle Drittstellung der Mitgliedstaaten gegenüber den Verträgen ihrer Internationalen Organisationen. Das Problem ist offen, dem Völkerrecht sind bislang noch keine klaren Aussagen zu entnehmen,[48] der Entwurf gibt keine Antwort.

Vielleicht führt diese Unklarheit jedoch — und dies wäre im Sinne des Entwurfs — dazu, daß die konkreten Verträge selbst eindeutige Regeln enthalten. Ein neueres Beispiel ist Art. 4 Abs. 5 von Annex IX der Seerechts-Konvention, der es ausschließt, daß Mitgliedstaaten einer Internationalen Organisation, die nicht selbst Vertragsparteien sind, über

---

[46] UN Doc. A/38/145/Add. 1, S. 18 f.; A/C. 6/38/4, S. 6.
[47] ILC Report 1982, S. 89 ff.
[48] Vgl. dazu etwa die Bemerkungen von *Bernhardt* (Anm. 34), S. 211.

die Rechte der Internationalen Organisation eigene Rechte ableiten dürfen.[49]

c) Information der Vertragsparteien

Als dritte Voraussetzung nennt Art. 36bis die Information der vertragschließenden Parteien von der — einstimmigen — Zustimmung der Mitgliedstaaten. Es ist angemessen, daß die Parteien über diese Information bereits vor Vertragsabschluß verfügen, weil sie ein Interesse daran haben können, die Vertragsbestimungen anders zu fassen, wenn mit der Bindung der Mitgliedstaaten nicht zu rechnen ist.[50] Allerdings enthält Art. 36bis keinen Hinweis darauf, wie diese Information zugänglich gemacht werden soll, was kritisiert wurde[51].

d) Offene Fragen und abschließende Wertung

Im Ergebnis kann man Art. 36bis bescheinigen, wesentliche Probleme befriedigend gelöst und für schwierige Fragen klare Leitlinien gegeben zu haben, ohne dabei die Freiheit der Staaten zu beeinträchtigen. Dies wiegt umso schwerer, als das Hervortreten der Internationalen Organisationen als Vertragsparteien immer gewichtiger wird, und sich damit das Verhältnis ihrer Mitglieder zu diesen Verträgen von selbst und immer dringender stellt. Es handelt sich um die Kodifikation einer nach vorn gewandten Regelung, die prinzipiell zu begrüßen ist. Hier konnte trotz anfänglicher Ablehnung schließlich auch das sowjetische ILC-Mitglied zustimmen,[52] und auch die bislang erkennbar gewordene Reaktion sozialistischer Staaten ist positiv[53].

Freilich sind nicht alle Probleme gelöst worden. Auf wichtige offengebliebene Fragen wurde bereits hingewiesen, erinnert sei hier nochmals vor allem daran, daß der Entwurf keine Klärung darüber bringt, ob aus Art. 36bis auch völkerrechtliche Beziehungen der Mitgliedstaaten zu ihrer Organisation entstehen und welches Rechtsregime bei fehlender Einstimmigkeit der Mitgliedstaaten zur Anwendung kommt.

Ein weiteres, nicht behandeltes Problem ist das des „gemischten Vertrages", eines Vertrages also, zu dessen Parteien neben der Internationalen Organisation auch ihre Mitgliedstaaten zählen, in der Regel deshalb, weil sich der Vertrag mit Materien befaßt, die weder in die alleinige Zuständigkeit der Organisation noch die ihrer Mitglieder fallen. Einerseits dient zwar der gemischte Vertrag gerade der Vermeidung

---

[49] „Participation of such an international organization shall in no case confer any rights under this Convention on member States of the organization which are not States Parties to this Convention."
[50] ILC Report 1982, S. 95.
[51] So etwa die Stellungnahme von Uruguay, UN Doc. A/38/145, S. 17.
[52] YBILC 1982 I, S. 263.
[53] Vgl. etwa die Stellungnahme der DDR, UN Doc. A/38/145, S. 7.

komplizierter Drittverhältnisse,[54] indem er die Mitgliedstaaten (oder die Internationale Organisation) in den Vertrag selbst unmittelbar miteinbezieht, andererseits entstehen durchaus analoge Probleme. Sind die Mitgliedstaaten aus den Vertragsbestimmungen, zu deren Abschluß nur ihre Internationale Organisation kompetent war, gegenüber den übrigen Vertragsparteien berechtigt und verpflichtet? Reicht ihre generelle Parteistellung hierzu aus oder sind sie insoweit Dritte? Kann der Grundsatz der Subsidiarität Anwendung finden? Ist die Problematik einer Bindung der Organisation an Vertragsbestimmungen, die in die mitgliedstaatliche Kompetenz fallen, analog zu sehen? Welche Bedeutung kommt dem Schutz der übrigen Vertragspartner gegenüber einer undurchsichtigen Kompetenzaufteilung zwischen Organisation und Mitgliedern zu? Alle diese Fragen, die in einzelnen konkreten Verträgen behandelt werden,[55] hat der Entwurf nicht aufgegriffen. Auch das allgemeine Völkerrecht ist nicht völlig eindeutig,[56] aber einzelne Grundregeln hätten sich doch fixieren lassen.

---

[54] *Reuter*, Miscellanea *Ganshof van der Meersch* Bd. 1 (1972), S. 195 ff. (213).
[55] Vgl. z. B. die Seerechts-Konvention, Annex IX.
[56] Auch dazu *Bernhard* (Anm. 34), S. 207 ff.; *Krück* (Anm. 33), S. 140 ff. m. w. N.

4. Kapitel: Das Vorbehaltsregime

1. Grundsatzfragen

Im Anschluß und in Weiterentwicklung der Entscheidung des IGH im Genozid-Fall[1] enthält die WVK (Art. 19—23) eine sehr liberale Regelung, die sich sowohl auf die Zulässigkeit der Formulierung von Vorbehalten (Art. 19) als auch auf Annahme und Ablehnung der Vorbehalte durch andere Vertragsstaaten (Art. 20) bezieht. Dabei stuft sie das Zustandekommen vertraglicher Bindung grundsätzlich höher ein als die Gefahr der uneinheitlichen Geltung des Vertrags für alle Parteien, die sich gerade auch daraus ergeben kann, daß die Zulässigkeit von Vorbehalten von den übrigen Vertragsstaaten unterschiedlich eingeschätzt wird.[2] Die der ILC gestellte Frage war natürlich, ob diese Konzeption auf Internationale Organisationen übertragbar ist, und zwar ebenso im Hinblick auf nur zwischen Internationalen Organisationen wie auf zwischen Internationalen Organisationen und Staaten abgeschlossene Verträge. Eine Beschränkung der freiheitlichen Regelung auch für Staaten konnte angesichts der WVK-Artikel schwerlich in Betracht kommen. Freilich war damit wieder die Frage verbunden, wie dann die Gleichstellung der Vertragspartner gewährleistet werden soll.

In der Debatte gab es deutliche Stimmen, die für eine striktere Bindung der Internationalen Organisationen plädierten. Da eine wirklich aussagekräftige Praxis kaum vorliegt,[3] hatte die Erörterung einen recht spekulativen Charakter und griff zwangsläufig auf die grundsätzlichen Unterschiede zwischen Staaten und Internationalen Organisationen zurück. So wurde auf die generell begrenzte Vertragsschlußfähigkeit und Kompetenz Internationaler Organisationen hingewiesen, denen nur eine — im Verhältnis zu Staaten — eingeschränkte Möglichkeit zur Abgabe von Vorbehalten entspreche.[4] Auch könne die unterschiedslose Anwendung des liberalen Regimes der WVK auf Internationale Organisationen zu einer „chaotic situation" führen.[5]

Das letztere Argument ist in der Tat schwer zu entkräften, doch ist die Gefahr der Konfusion in der Liberalität des Regimes selbst angelegt;[6]

---

[1] ICJ Reports 1951, S. 15 ff.; dazu *Klein*, EPIL 2, S. 107 ff.
[2] Vgl. *Bindschedler*, EPIL 7, S. 496 ff.
[3] ILC Report 1982, S. 61 ff.
[4] YBILC 1981 I, S. 36.
[5] YBILC 1977 I, S. 81.
[6] Richtig *Bindschedler* (Anm. 2), S. 499.

ohne zusätzliche Erwägungen ist die unterschiedliche Behandlung von Internationalen Organisationen und Staaten jedenfalls nicht zu rechtfertigen. Insoweit erweist sich aber auch der Rückgriff auf die limitierte Vertragsschlußfähigkeit und Kompetenz Internationaler Organisationen als wenig aussagekräftig, da Vorbehalte die vertraglichen Verpflichtungen ja einzuschränken suchen.[7] Auch muß die vertragliche Verpflichtung keineswegs notwendig dem Aktionsradius der Organisation in vollem Umfang entsprechen; sollte eine Internationale Organisation nach ihrem internen Recht zum Abschluß eines völkerrechtlichen Vertrags verpflichtet sein, kann es nicht Aufgabe von externen Vertragsrechtsregeln sein, diese intern geforderte Übereinstimmung durch den Ausschluß von Vorbehaltsmöglichkeiten zu gewährleisten.

Die erste von der ILC verabschiedete Fassung[8] spiegelte diese Unsicherheiten in noch hohem Maß. Sie übernahm das liberale Regime für Verträge zwischen Internationalen Organisationen (Art. 19 Entwurf), differenzierte jedoch bei Verträgen, an denen Internationale Organisationen und Staaten beteiligt sind (Art. 19bis Entwurf). Während die Staaten gleichfalls in den Genuß der freiheitlichen Regelung kommen sollten, wurde für Internationale Organisationen danach unterschieden, ob ihre Beteiligung für die Erreichung von Gegenstand und Zweck des Vertrages wesentlich ist oder nicht. Im ersten Fall sollten sie lediglich ausdrücklich gestattete Vorbehalte anbringen können, im zweiten Fall wären auch sie in den Genuß der liberalen Grundregel gekommen.

Mit dieser Fassung wich die ILC sowohl von einem ersten Vorschlag Reuters[9] als auch von einem Gegenvorschlag des sowjetischen Mitglieds Ushakov[10] ab, akzeptierte jedoch Elemente aus beiden Entwürfen. Reuter war im Hinblick auf Verträge zwischen Staaten und Internationalen Organisationen bestrebt gewesen, die Liberalität des Vorbehaltsregimes — mit einer Ausnahme[11] — insgesamt und zwar für Staaten und Internationale Organisationen gleichermaßen dahin einzuschränken, daß nur ausdrücklich gestattete oder sonst zugelassene Vorbehalte angebracht werden können; dieser Vorschlag scheiterte jedoch vor allem an der — in der Sache zweifellos vernünftigen — Beschränkung zulässiger Vorbehaltsformulierung für Staaten.[12] Der Gegenvorschlag von Ushakov hingegen gab die Gleichbehandlung Internationaler Organisationen mit Staaten auf, indem er erstere stets auf ausdrücklich zugelassene Vor-

[7] YBILC 1981 I, S. 32, 33, 37.
[8] Art. 19: YBILC 1977 I, S. 166; Art. 19bis: YBILC 1977 I, S. 166.
[9] YBILC 1977 I, S. 70 und 79.
[10] YBILC 1977 II part 2, S. 109 Anm. 464.
[11] Dabei handelte es sich um den Fall eines nach Art. 9 Abs. 2 Entwurf (d. h. mit 2/3 Mehrheit) zustande gekommenen nicht-plurilateralen Vertrags.
[12] Vgl. YBILC 1977 I, S. 84.

behalte verwies, während bei Staaten im einzelnen differenziert wurde.[13] Neben der Gleichstellungsfrage war dieser Vorschlag vor allem deshalb Angriffen ausgesetzt, weil er in sehr komplizierter Weise nach Verträgen zwischen Staaten unter Beteiligung einzelner Internationaler Organisationen und Verträgen zwischen Internationalen Organisationen unter Beteiligung einzelner Staaten unterschied.

Beide Vorentwürfe (Reuter und Ushakov) enthalten noch eine weitere Problematik, die die ganze Arbeit der ILC durchzog, aber offenbar ihren Mitgliedern nicht stets präsent war: das Problem nämlich der Abgrenzung des Anwendungsbereichs des Entwurfs zum Anwendungsbereich der WVK. Die vorgeschlagenen Bestimmungen unterwarfen die Frage der Zulässigkeit von Vorbehalten zu Verträgen zwischen Staaten und Internationalen Organisationen — ungeachtet des Differenzierungsversuchs von Ushakov — dem Entwurf und zwar auch insoweit, als es um den Vorbehalt eines Staates bezüglich seiner vertraglichen Verpflichtung (auch) gegenüber anderen Vertrags*staaten* geht, obgleich insoweit (zwischenstaatliche Beziehungen innerhalb eines gemischten Vertrages) — wie oben ausgeführt[14] — die WVK einschlägig bleibt. Ein entsprechendes Problem stellte sich im Hinblick auf Art. 20bis Abs. 3 (b) der ILC-Fassung von 1981.[15]

Das Problem ist schließlich durch die zuletzt verabschiedete (2.) Fassung der ILC[16] bereinigt worden, die auf der Grundlage der liberalen Regelung der WVK basiert und eine Gleichstellung der Internationalen Organisationen mit Staaten herbeiführt. Die Parallelität der Regelung verhindert jedenfalls in der Praxis Schwierigkeiten, die bei der rechtlichen Überschneidung von WVK und Entwurf auftreten könnten. Die Endfassung hat aber auch gegenüber dem Erstentwurf der ILC den weiteren Vorteil, sehr viel weniger kompliziert zu sein, obgleich die Regelung, wie sie jetzt besteht und der WVK entspricht, bereits ohnehin zu kompliziert ist.

In diesem Zusammenhang ist gleichfalls Art. 19ter der Erstfassung[17] zu erwähnen, der durch die nahezu vollständige Parallelisierung des Entwurfs mit den Regeln der WVK entbehrlich geworden war. Auch mit dieser Bestimmung wurde zunächst eine differenzierte Behandlung von

13 Bei Verträgen zwischen Staaten unter Beteiligung einer oder mehrerer Internationaler Organisationen sollte grundsätzlich die Regelung des Art. 19 WVK zum Zuge kommen. Wenn jedoch die Teilnahme der Internationalen Organisationen am Vertrag wesentlich ist für die Erreichung des Vertragszwecks, sollten auch für Staaten nur ausdrücklich gestattete Vorbehalte zulässig sein. Auch bei einem Vertrag zwischen Internationalen Organisationen und einem oder mehreren Staaten sollten den Staaten nur ausdrücklich erlaubte Vorbehalte möglich sein.

14 Siehe oben bei 3. des 1. Kapitels.

15 YBILC 1981 I, S. 49 f.; der zitierte Passus spricht dabei das Verhältnis der Staaten, die den Vorbehalt bzw. Einspruch formulieren, ausdrücklich an.

16 ILC Report 1982, S. 67.

17 YBILC 1977 I, S. 166.

Staaten und Internationalen Organisationen vorgeschlagen, diesmal aber nicht unter dem Gesichtspunkt der Formulierung von Vorbehalten, sondern der Erhebung von Einsprüchen gegen erklärte Vorbehalte anderer. Art. 19ter bedeutete insgesamt eine Einschränkung der Einspruchsmöglichkeit für Internationale Organisationen im Vergleich zu Art. 20 WVK/Entwurf, da sie Internationalen Organisationen gegenüber den Vorbehalten anderer Organisationen oder Staaten nur zustehen sollte, falls dies (a) im Vertrag ausdrücklich vorgesehen ist bzw. sich als eine notwendige Folge der der Internationalen Organisation im Vertrag zugeordneten Aufgabe ergibt oder (b) die Mitwirkung der Organisationen für den Gegenstand und Zweck des Vertrages nicht wesentlich ist. Diese Beschränkung wurde mit dem Hinweis darauf zu rechtfertigen gesucht, daß andernfalls eine Internationale Organisation in der Lage wäre, Vorbehalten, die ausschließlich die Beziehungen zwischen Staaten beträfen, zu widersprechen.[18] Auch diese Argumentation realisierte die unterschiedlichen Anwendungsbereiche von Entwurf und WVK nicht und überschätzte überdies die Folgen eines Einspruchs, der grundsätzlich nur im bilateralen Verhältnis rechtliche Wirkung entfaltet (vgl. Art. 21 Entwurf).

2. Einzelfragen

a) Geringfügige Veränderung gegenüber Art. 19 WVK

Nachdem die Grundentscheidung für die sachliche Übernahme der Konzeption der WVK gefallen war, bedurfte Art. 19 WVK nur geringfügiger Anpassung. Verdeutlicht wurde überdies, daß die Unzulässigkeit von Vorbehalten sich nicht ausdrücklich aus dem Vertragstext ergeben muß, sondern auch aus dem sonstigen Willen der den Vertrag verhandelnden Staaten oder Internationalen Organisationen folgen kann.

b) Annahme und Zurückweisung von Vorbehalten

Etwas mehr Detailfragen stellten sich bei Art. 20 Entwurf. Während Abs. 1 nur redaktioneller Anpassung bedurfte, wurde bei Abs. 2 — anders als bei Art. 20 Abs. 2 WVK — auf das einschränkende Kriterium der Plurilateralität des Vertrages verzichtet und nunmehr ausschließlich auf Gegenstand und Zweck des Vertrages abgestellt; ist danach nur eine integrale Vertragserfüllung denkbar, bedarf ein Vorbehalt der Akzeptierung aller Vertragsparteien. Der Wegfall der genannten Einschränkung ist zu begrüßen, weil integrale Verträge keineswegs nur Verträge mit beschränkter Teilnehmerzahl sind.[19] Die vom Kommentar der ILC gegebene Begründung[20] überzeugt freilich kaum. Danach ist das Kriterium der

---

[18] YBILC 1981 I, S. 47.
[19] Vgl. *Verdross / Simma*, Universelles Völkerrecht (3. Aufl. 1984), S. 469.
[20] ILC Report 1982, S. 69 Anm. 84.

begrenzten Teilnehmerzahl schon deshalb bei Verträgen zwischen Internationalen Organisationen und Staaten oder nur zwischen Internationalen Organisationen nicht verwendbar, weil bereits durch die Mitgliedschaft in Internationalen Organisationen eine Vielzahl von Staaten repräsentiert wird. Dieses Argument übersieht jedoch die rechtliche Selbständigkeit Internationaler Organisationen; durchaus sind Verträge nur zwischen wenigen Internationalen Organisationen (z. B. UN und Sonderorganisationen) oder zwischen einer Internationalen Organisation und nur ihren Mitgliedstaaten denkbar. Der Notwendigkeit, die Vertragsintegrität zu bewahren, wird allerdings durch die Orientierung an Gegenstand und Zweck des Vertrages völlig ausreichend Rechnung getragen.

Abs. 3 und 4 werden substantiell unverändert aus der WVK übernommen. Ein Problem ergab sich aber noch bei Abs. 5. Die Parallelbestimmung der WVK (Art. 20 Abs. 5) enthält eine unwiderlegbare Vermutung, daß ein Staat den Vorbehalt eines anderen Staates akzeptiert hat, wenn er ihm nicht 12 Monate nach Notifikation oder eigenem Vertragsbeitritt widersprochen hat. Die zunächst vorgesehene Übernahme auch dieser Regelung für Internationale Organisationen rief heftige Proteste stellungnehmender Staaten hervor, die einerseits von Internationalen Organisationen eindeutige und klare Rechtsakte verlangten, womit die Aufrechterhaltung von Unsicherheiten über einen Einjahreszeitraum unvereinbar sei. Andererseits wurde darauf hingewiesen, daß eine Zwölfmonatsfrist sogar zu kurz bemessen sei, da die zuständigen Gremien mancher Internationaler Organisationen gar nicht zu jährlichen Sitzungen zusammentreten würden. Auch auf den im Vergleich zu Staaten häufig komplexeren Willensbildungsprozeß wurde aufmerksam gemacht.[21] Im Ergebnis resignierte die ILC, ließ die Frage für Internationale Organisationen offen und beschränkte sich auf die Übernahme der Zwölfmonatsregel für Staaten in der Hoffnung, daß es der Praxis gelingen werde, die Lücken zu schließen.[22] Dabei muß dann wohl auf Vertrauensschutzgesichtspunkte[23] abgestellt werden, aber auch der Fall ist zu bedenken, daß Mitgliedstaaten einer selbst beteiligten Internationalen Organisation Vorbehalte formulieren oder aber auch Vorbehalte anderer Staaten oder Internationaler Organisationen akzeptiert oder zurückgewiesen haben. Das Offenlassen dieser Frage ist bereits aus systematischen Gesichtspunkten wenig befriedigend, wird aber auch dem konkreten Problem schwerlich gerecht.

[21] Op. cit., S. 70.
[22] Op. cit., S. 71.
[23] Die Problematik ist in allgemeiner Weise auch durch Art. 45 Entwurf aufgegriffen.

3. Wertung

Die Art. 19—23 Entwurf sind ein deutlicher Ausdruck der in der ILC schließlich vorherrschenden Tendenz, die vertragsrechtliche Gleichstellung Internationaler Organisationen mit Staaten herbeizuführen. Überzeugende Gegenargumente tauchen unseres Erachtens im Vorbehaltsbereich auch tatsächlich nicht auf. Jede Differenzierung hätte die ohnehin bereits sehr schwierige Materie weiter kompliziert. Die Parallelität der Regelung entspannt auch das rechtliche Verhältnis zur WVK. Schon angesichts des Fehlens relevanter Praxis enthalten Art. 19—23 Entwurf zweifellos deutliche Elemente einer progressiven Völkerrechtsentwicklung, die jedoch auch zum Aufgabenbereich der ILC gehört.

5. Kapitel: Verträge Internationaler Organisationen und Vorrang der UN-Charta (Art. 30 Abs. 6 Entwurf)

Auch die Diskussion über die Art. 30 WVK entsprechende Vorschrift enthüllte ein Problem, zu dessen Lösung sich die ILC nicht in der Lage sah. In dieser Bestimmung geht es um die äußerst schwierige Problematik der Anwendung nachfolgender Verträge auf einen Gegenstand, der bereits in einem früheren Vertrag geregelt wurde. Die rechtliche Bewältigung dieses Problems wird insbesondere dann schwierig, wenn am späteren Vertrag nicht alle Parteien des vorangegangenen Vertrages beteiligt sind *und* wenn die Vertragspflichten auf integrale Erfüllung angelegt sind. Der Entwurf der ILC übernimmt mit der Konzeption des Art. 30 WVK[1] auch die implizite Voraussetzung der Bilateralisierbarkeit der vertraglich übernommenen Rechte und Pflichten.[2] Ist diese Voraussetzung nicht gegeben, bedarf es — wie Art. 30 Abs. 5 selbst andeutet — des Rückgriffs auf die (vertragsrechtlichen oder deliktsrechtlichen) Regeln der Vertragsverletzung.

Die eigentliche Frage, die letztlich ungelöst blieb, war jedoch, ob der in Art. 30 Abs. 1 WVK enthaltene Hinweis auf Art. 103 SVN auf Verträge Internationaler Organisationen übertragbar sei. Art. 103 SVN ist eine den Vorrang der Charta postulierende Kollisionsklausel, die alle Mitglieder der Vereinten Nationen bindet und wegen der Quasi-Universalität der Vereinten Nationen diese Funktion auch erfüllen kann. Unmittelbare Bindungswirkung kann die UN-Charta nun aber als Vertrag nur gegenüber ihren Mitgliedern, d. h. nur gegenüber Staaten (Art. 4 SVN) haben. Bedeutet dies, daß Internationale Organisationen die Bestimmungen der Charta hinsichtlich ihrer Verträge außer acht lassen können?

Eine verneinende Antwort könnte sich auf verschiedenartige Überlegungen stützen. Wenn der UN-Charta der Charakter nicht nur als Verfassung einer bestimmten Internationalen Organisation, sondern der Völkerrechtsgemeinschaft schlechthin zukäme, sie als objektives, erga omnes wirkendes Statut zu qualifizieren wäre, wären ihrer Geltung alle Völkerrechtssubjekte, unabhängig von ihrer Mitgliedschaft in den Ver-

---

[1] Sachlich gehören dazu auch Art. 40 und 41 Entwurf.

[2] Vgl. *Reuter*, Introduction au droit des traités (1972), S. 129 f.; *Zuleeg*, GYIL 20 (1977), S. 246 ff. (261).

einten Nationen, unterworfen. Diese Entwicklung, in der Charta durchaus, wenngleich vorsichtig angelegt (Art. 2 Abs. 6 SVN),[3] hat sich indessen nicht realisiert. Die Vereinten Nationen sind kein Weltstaat und ihre Verfassung ist keine Weltverfassung, sondern ein statut particulier.[4] Die UN-Charta ist ein völkerrechtlicher Vertrag, dessen Herren die Mitgliedstaaten geblieben sind. Internationale Organisationen als Nicht-Parteien dieses Vertrags stehen außerhalb der vertraglichen Bindung, insoweit läuft auch Art. 103 SVN ihnen gegenüber leer.

Ernster zu nehmen ist ein Argument, das auf die hinter der Internationalen Organisation stehenden Mitgliedstaaten zugreift, die wegen der nahezu erreichten Universalität der Vereinten Nationen fast alle an die UN-Charta gebunden sein werden. Bestimmt man Internationale Organisationen nur als funktionale kollektive Handlungseinheiten ihrer Mitgliedstaaten, würden sich die Charta-Verpflichtungen sozusagen in den jetzt von der Internationalen Organisation wahrgenommenen Aufgabenbereich verlängern. Dem steht freilich wieder die Erwägung entgegen, daß Internationale Organisationen selbständige, von ihren Mitgliedern abgehobene Rechtspersönlichkeiten sind, und daß demgemäß die Rechte und Pflichten, deren Träger sie sind, nicht identisch sind mit den Rechten und Pflichten ihrer Mitglieder.

Die ILC[5] hat eine klare Entscheidung mit dem Hinweis darauf vermieden, ihr stehe es nicht zu, als Interpret der UN-Charta aufzutreten und die Reichweite des Art. 103 SVN zu bestimmen. Sie hat deshalb Art. 30 Abs. 1 Entwurf um den Hinweis auf den Charta-Vorrang entlastet, dafür einen 6. Absatz angefügt („The preceding paragraphs are without prejudice to Article 103 of the Charter of the United Nations"), dessen Wortlaut sowohl die Auffassung, auch Internationale Organisationen könnten sich den Verpflichtungen der Satzung unter Hinweis auf entgegenstehende Vertragspflichten nicht entziehen, als auch den gegenteiligen Standpunkt deckt.

In der Praxis können Schwierigkeiten freilich weitgehend dadurch vermieden werden, daß die Mitglied(Gründungs-)staaten ihren Internationalen Organisationen die Beachtung der Charta zur Pflicht machen. Beispiele dafür bieten etwa Sonderorganisationen der Vereinten Nationen[6] oder auch die NATO.[7] Art. 103 SVN kann durchaus im Sinne einer solchen Weitergabeverpflichtung verstanden werden; noch deutlicher in diese Richtung weisen — für den Bereich der Friedenssicherung

---

[3] *Cahier*, RdC 143 (1974 III), S. 589 ff. (707), spricht von einer „aspiration vers un ordre juridique général".
[4] *Klein*, Statusverträge im Völkerrecht (1980), S. 208 f.
[5] ILC Report 1982, S. 81 f.
[6] Vgl. etwa die in Art. VI ILO, Art. VII WHO enthaltenen Bindungen.
[7] Art 1 NATO-Vertrag.

— Art. 48 Abs. 2 und 52 Abs. 1 SVN.[8] Darüber hinaus können die Mitgliedstaaten im Gründungsvertrag dagegen Vorsorge treffen, daß sie von UN-chartawidrigen Verträgen ihrer Organisation gebunden werden,[9] sie also insoweit gar nicht in eine Situation kollidierender vertraglicher Verpflichtungen geraten können.[10]

Entsprechend dem generellen Anwendungsbereich des Entwurfs regelt Art. 30 das Verhältnis zwischen Internationalen Organisationen und zwischen Staaten und Internationalen Organisationen. Die Staaten sind der Bindung an die UN-Charta auch insofern unterworfen, als sie Verträge mit Internationalen Organisationen schließen. Art. 30 Abs. 6 Entwurf deckt auch diese Konstellation; das rein zwischenstaatliche Vertragsverhältnis wird ohnehin von Art. 30 WVK erfaßt.

---

[8] Das Problem wird freilich akut, wenn diese Verpflichtung nicht erfüllt, die Internationale Organisation im Gründungsvertrag also nicht entsprechend limitiert wird. Im Zusammenhang mit einer entsprechenden Vorschrift des Gründungsvertrags würde bei Verstoß hiergegen Art. 46 Entwurf aktuell; dazu siehe oben S. 24 ff.

[9] Die im Gründungsvertrag enthaltene Vorwegnahme der Zustimmung der Mitglieder zur völkerrechtlichen Bindung an die Verträge ihrer Organisation ist abhängig von der Einhaltung der Kapazitäts- und Kompetenzgrenzen der Organisation; siehe oben S. 37 ff.

[10] In ähnlicher Weise behalten Art. 225 EWGV und Arts. VI IBRD und IMF den Mitgliedstaaten die Möglichkeit vor, ihre Verpflichtungen aus der Satzung der Vereinten Nationen zu erfüllen.

6. Kapitel: Verfahren und Streitbeilegung bei Ablehnung der Vertragsbindung (Art. 65, 66 Entwurf)

Die von der WVK und in ihrem Gefolge vom Entwurf übernommene breite Palette von Möglichkeiten der Vertragsparteien, sich auf Mängel ihres Vertragsbindungswillens zu berufen,[1] um die Beendigung des Vertrags, den Rücktritt hiervon oder die Suspension der Vertragspflichten geltend zu machen, erfordert zum Schutz der Grundregel „pacta sunt servanda" (Art. 26 WVK) ein verfahrensrechtliches Gerüst, dessen Beachtung gesichert sein muß. Dem Verfahrensrecht kommt auch hier wie häufig substantielle Bedeutung zu.[2] Die ILC schloß sich im Rahmen des Entwurfs auch im Hinblick auf das Verfahren der WVK weitgehend an, doch gibt es ebenso bemerkenswerte Abweichungen.

1. Art. 65 Entwurf

Als relativ unproblematisch erwies sich die Übernahme der in Art. 65 WVK enthaltenen Regeln. In Frage gestellt wurde freilich, ob die in Art. 65 Abs. 2 Entwurf vorgesehene, als Moratorium wirkende Zeitspanne (3 Monate), die mit der Notifikation der Vertragsbeendigung oder ähnlichem einsetzt und innerhalb deren der Vertrag noch zu erfüllen ist, für Internationale Organisationen im Hinblick auf die Erhebung von Einwendungen nicht zu kurz bemessen ist; möglicherweise ist eine so kurzfristige Reaktion gar nicht mit den einschlägigen Regeln der Organisation vereinbar (Art. 64 Abs. 4 Entwurf),[3] wenn das zuständige Organ nicht grundsätzlich immer präsent ist.

In diesem Zusammenhang wurde ein weiteres Problem erörtert, das sich aus Unklarheiten des Art. 65 Abs. 2 und 3 WVK ergab.[4] Der Wortlaut dieser Vorschriften läßt nämlich offen, ob es sich bei dem bereits erwähnten 3-Monats-Zeitraum um eine Ausschlußfrist handelt, nach deren Ablauf ein Widerspruch gegen die notifizierte Maßnahme nicht mehr möglich sein würde. Für den Geltungsbereich des Entwurfs wird diese Frage durch eine Abänderung der Eingangsworte in Art. 65 Abs. 3 ver-

---

[1] Teil V WVK und Entwurf (Art. 42—64).

[2] ILC Report 1982, S. 137.

[3] Auf die mögliche Kollision von Art. 65 Abs. 2 Entwurf zu dem gegenüber Art. 65 WVK neu eingefügten Abs. 4 machte z. B. Kanada (UN Doc. A/CN.4/350/Add. 5, S. 3) aufmerksam.

[4] Vgl. ILC Report 1982, S. 134 f.

neint;[5] danach können Einwendungen also jederzeit erhoben werden mit der Folge, daß die Parteien auf den Weg friedlicher Beilegung der aufgetretenen Streitigkeiten im Sinne von Art. 33 SVN verwiesen sind. Unberührt davon bleibt das Recht zur Ausführung der notifizierten Maßnahme, wenn innerhalb der Frist von keiner Vertragspartei ein Einspruch erfolgt. Zumindest in gewisser Weise entspannt sich daher auch das eben diskutierte, überdies wohl nicht allzu praktische Problem der kurzen Fristbemessung.

Die Änderung des Wortlauts von Art. 65 Abs. 3 Entwurf im Verhältnis zur WVK ist allerdings noch unter einem ganz anderen Gesichtspunkt von Interesse. Die ILC hat in zweifellos richtiger Einschätzung ihrer Kompetenzen darauf aufmerksam gemacht, daß es nicht ihre Aufgabe sei, die WVK verbindlich zu interpretieren und die dort festgestellten Unklarheiten zu beseitigen.[6] Indem dies aber für den Anwendungsbereich des Entwurfs geschehen ist, ist selbstverständlich auch ein erheblicher hermeneutischer Anreiz gegeben, die entsprechende Stelle der WVK ebenso in diesem Sinne auszulegen. Die rechtliche Trennung beider vertraglichen Instrumente verhindert keineswegs eine interpretatorische gegenseitige Beeinflussung, die vielmehr durch die Parallelität der Regelungswerke zwingend nahegelegt wird.

In dieselbe Richtung weist übrigens auch die Übernahme der ius cogens-Regeln aus der WVK in den Entwurf (Art. 53, 64, 71), an die wegen des Zusammenhangs mit Art. 66 Entwurf an dieser Stelle erinnert sei.[7] Diese immer noch nicht unbestrittene Konzeption erfährt zweifellos durch den Entwurf — erst recht durch seine Annahme auf einer Staatenkonferenz — eine deutliche Bestätigung, die sich freilich in erster Linie im Anwendungsbereich der WVK auswirken wird, weil vor allem zwischenstaatliche Verträge von ihrem Gegenstand her eher mit ius cogens in Berührung kommen werden. Im übrigen ist ius cogens nicht schon aus Gründen seiner besonderen Rechtsqualität auch für Internationale Organisationen verbindlich,[8] sondern dies hängt allein von seinem Norminhalt ab, also der Frage, ob die Norm auch Internationale Organisationen verpflichten (oder berechtigen) will. Die Entscheidung hierüber treffen Staaten; die ILC hat bewußt darauf verzichtet, den für die Bildung einer ius cogens-Norm notwendigen Konsens über Staaten hinaus auf Internationale Organisationen zu erstrecken.[9]

---

[5] Statt: „If, however, objection has been raised by any other party, the parties shall seek . . ." (WVK) heißt es im Entwurf: „When an objection is raised by any other party, the parties shall seek . . .".

[6] ILC Report 1982, S. 135.

[7] Innerhalb der ILC gab es keine vertiefte ius cogens-Debatte mehr; entsprechend ist die Kommentierung wenig aussagekräftig, vgl. op. cit., S. 117 f., 132, 143.

[8] Wohl anders op. cit., S. 117.

[9] Op. cit., S. 118.

2. Art. 66 Entwurf

Als sehr viel problematischer als Art. 65 erwies sich die Formulierung von Art. 66 Entwurf; hierbei handelt es sich um die einzige Bestimmung des Entwurfs, die nicht einstimmig verabschiedet wurde.[10]

Art. 66 WVK ist — zusammen mit dem Anhang zur Konvention — erst auf der Wiener Staatenkonferenz formuliert worden[11]. Sein Zweck ist es, im Anschluß an den vergeblichen Versuch der beteiligten Staaten, ihren Streit über die angekündigte Vertragsbeendigung etc. einer Partei friedlich beizulegen (vgl. Art. 65 Abs. 3 WVK), ein weiteres Verfahren vorzusehen, das für Streitigkeiten, die ius cogens-Regeln involvieren, auf Antrag einer Partei zwingend den IGH zur bindenden Streitentscheidung einschaltet (sofern nicht eine gemeinsame Anrufung eines Schiedsgerichtes erfolgt), und das für alle übrigen Streitigkeiten ein — freilich letztlich unverbindliches — Vergleichsverfahren in Gang setzt. Angesichts der Bedeutung, aber auch der Unsicherheiten, die im Hinblick auf ius cogens-Normen bestehen, wurde die weitgehende Konzentrierung auf den IGH vorgenommen, um Divergenzen über den Bestand und Umfang von ius cogens möglichst zu reduzieren. Andererseits wurde Art. 66 WVK gerade wegen der vorgenommenen Einschaltung des IGH von vielen Staaten kritisiert und abgelehnt; die Vorschrift wurde damals von einer Mehrheit von 61 Staaten angenommen, bei 20 Ablehnungen und 26 Enthaltungen.

Eine vollständige Übernahme dieser Verfahrensregelung in den Entwurf mußte schon aus dem Grund scheitern, daß Internationale Organisationen vor dem IGH nicht parteifähig sind (Art. 34 Abs. 1 IGH-Statut). Eine Änderung dieses Rechtszustandes ist zwar schon lange in der Diskussion und aus vielerlei Gründen im Ergebnis wünschenswert.[12] Eine derartige grundsätzliche neue Weichenstellung vorzunehmen, überstieg jedoch zweifellos die Möglichkeiten der ILC; dennoch hätte man sich ein Plädoyer von ihr in diese Richtung gewünscht. Es mußten darum andere Alternativen geprüft werden.

Dem Ziel des Art. 66 WVK am nächsten kam ein Vorschlag des Berichterstatters Reuter.[13] Ein erster Absatz sah vor, daß, wenn Staaten

---

[10] Op. cit., S. 17 und 137 („rejected by some members").

[11] Vgl. dazu *Wetzel / Rauschning*, The Vienna Convention on the Law of Treaties, Travaux Préparatoires (1978), S. 454 ff.

[12] *Steinberger*, The International Court of Justice, in: Judicial Settlement of International Disputes (1974), S. 193 ff. (243 ff.).

[13] YBILC 1980 I, S. 23:

„*Article 66. Procedures for judicial settlement, arbitration and conciliation*
1. When, in the case of a treaty between several States and one or more international organizations, the objection provided for in paragraphs 2 and 3 of article 65 is raised by one or more States with respect to another State and under paragraph 3 of article 65 no solution has been reached within a period

unter sich über die Anwendung und Auslegung von Art. 53 oder 64 Entwurf streiten[14], der IGH auf die gleiche Weise, die Art. 66 lit. a WVK vorsieht, eingeschaltet werden kann. Hingegen wurde — ebenfalls im Hinblick auf Art. 53 und 64 — ein besonderes Verfahren für den Fall vorgesehen (Abs. 2), daß eine Internationale Organisation einen Einspruch nach Art. 65 Abs. 2 und 3 Entwurf gegen die Notifikation eines Staates oder einer anderen Internationalen Organisation erhebt, oder daß ein Staat einen Einspruch gegen eine entsprechende Mitteilung einer Internationalen Organisation geltend macht: danach sollte jede Partei, vorbehaltlich der Einschaltung eines Schiedsgerichts, ein nach Art. 96 SVN kompetentes Organ darum ersuchen können, ein Rechtsgutachten des IGH einzuholen, das die Streitparteien als verbindlich anerkennen.

Der Vorteil dieses Vorschlages liegt in der Erhaltung des Internationalen Gerichtshofs als in Fragen des ius cogens letztlich entscheidende Instanz. Allerdings wäre mit dieser Regelung solange nicht zwangsläufig die Entscheidung des IGH gesichert, als die zur Antragstellung berechtigten Organisationen bzw. deren Organe nicht verpflichtet sind, einem solchen Ersuchen zu entsprechen. Angesichts der Politisierung der Vereinten Nationen selbst, aber auch vieler Sonderorganisationen, er-

---

of 12 months following the date on which the objection was raised, the following procedures shall be followed:

(a) Any State party to a dispute concerning the application or the interpretation of article 53 or 64 may, by a written application, submit it to the International Court of Justice for a decision unless the parties by common consent agree to submit the dispute to arbitration.

(b) Any State party to a dispute concerning the application or the interpretation of any of the other articles in part V of the present articles may set in motion the procedures specified in the annex (section I) to the present articles by submitting a request to that effect to the Secretary-General of the United Nations.

2. When the objection provided for in paragraphs 2 and 3 of article 65 is raised by one or more international organizations parties to the treaty or involves one or more international organizations parties to the treaty and under paragraph 3 of article 65 no solution has been reached within a period of 12 months following the date on which the objection was raised, the following procedures shall be followed:

(a) Any one of the parties to a dispute concerning the application or the interpretation of article 53 or 64 may ask one of the bodies competent under the terms of Article 96 of the Charter to request an advisory opinion from the International Court of Justice, unless the parties by common consent agree to submit the dispute to arbitration; the parties shall regard the advisory opinion of the Court as binding;

(b) Any one of the parties to a dispute concerning the application or the interpretation of any of the other articles of part V of the present articles may set in motion the procedures specified in the annex (section II) to the present articles by submitting a request to that effect, as appropriate, to the Secretary-General of the United Nations or to the President of the International Court of Justice."

[14] Zur Problematik, ob diese Frage nicht ohnehin der WVK unmittelbar unterfällt, siehe unten S. 62.

scheint es zweifelhaft,[15] die Entscheidung über die Anrufung des IGH ganz der Beliebigkeit dieser Organisationen zu überlassen. Denkbar wäre insoweit freilich, daß die zuständigen Organe durch einen entsprechenden Beschluß die Selbstverpflichtung eingehen, jedes Gutachtenersuchen aufzugreifen, wobei zusätzlich zu berücksichtigen ist, das gemäß Art. 96 Abs. 2 SVN die Antragsberechtigung von Sonderorganisationen und Organen der Vereinten Nationen mit Ausnahme des Sicherheitsrats und der Generalversammlung sachlich auf Angelegenheiten „within the scope of their activities" eingeschränkt ist.

Die ILC hat den Vorschlag ihres Berichterstatters im Kern nicht weiter verfolgt, was in verschiedenen Stellungnahmen von Staaten und Internationalen Organisationen vor allem im Hinblick auf das Gutachtenverfahren bedauert worden ist[16]. Übernommen wurde zunächst lediglich die Zuständigkeit des IGH für ius cogens-Streitigkeiten zwischen Staaten (Abs. 1), während im übrigen für Streitigkeiten zwischen Internationalen Organisationen (Abs. 2) und zwischen Internationalen Organisationen und Staaten (Abs. 3) ein — nicht bindendes — Vergleichsverfahren vorgesehen war.[17]

[15] Vgl. YBILC 1980 I, S. 27.

[16] Vgl. etwa die Stellungnahme der UN (A/38/145/Add. 1, S. 19), der WHO (op. cit., S. 24), von Uruguay (A/38/145, S. 18) und der Bundesrepublik Deutschland (A/CN. 4/350/Add. 1, S. 4).

[17] YBILC 1982 I, S. 155:
„*Article 66. Procedures for judicial settlement, arbitration and conciliation*
1. If, under paragraph 3 of article 65, no solution has been reached within a period of 12 months following the date on which the objection was raised by a State with respect to another State, the following procedures shall be followed:
(*a*) any one of the parties to a dispute concerning the application or the interpretation of articles 53 or 64 may, by a written application, submit it to the International Court of Justice for a decision unless the parties by common consent agree to submit the dispute to arbitration;
(*b*) any one of the parties to a dispute concerning the application or the interpretation of any of the other articles in Part V of the present articles may set in motion the procedure specified in the Annex to the present articles by submitting a request to that effect to the Secretary-General of the United Nations.
2. If, under paragraph 3 of article 65, no solution has been reached within a period of 12 months following the date on which the objection was raised by an international organization with respect to another organization, any one of the parties to a dispute concerning the application or the interpretation of any of the articles in Part V of the present articles may, in the absence of any other agreed procedure, set in motion the procedure specified in the Annex to the present articles by submitting a request to that effect to the Secretary-General of the United Nations.
3. If, under paragraph 3 of article 65, no solution has been reached within a period of 12 months following the date on which the objection was raised by a State with respect to an international organization or by an organization with respect to a State, any one of the parties to a dispute concerning the application or the interpretation of any of the articles in Part V of the present articles may, in the absence of any other agreed procedure, set in motion the procedure specified in the Annex to the present articles by submitting a request to that effect to the Secretary-General of the United Nations."

Diese Fassung konnte jedoch ebenfalls Einwände nicht entkräften, die bereits gegen den Vorschlag Reuters gerichtet worden waren, nämlich daß erhebliche prozedurale Schwierigkeiten auftreten würden, falls eine Internationale Organisation, die auch Partner des konkreten Vertrages ist, in einem zunächst nur zwischen Staaten geführten Streit über ius cogens-Fragen ihrerseits selbst Einwendungen erhebt.[18] Eine Interventionsmöglichkeit besteht nämlich für Internationale Organisationen nach Art. 62 IGH-Statut nicht, was freilich die Präsentation ihrer Rechtsansicht gemäß Art. 34 Abs. 2 IGH-Statut nicht verhindert. Soll es daher zur einheitlichen, auch die Internationale Organisation bindenden Entscheidung kommen, müßte das Verfahren vor dem IGH abgebrochen und in ein schiedsgerichtliches Verfahren übergeleitet werden,[19] dessen Ergebnis für alle Beteiligten gleichermaßen verbindlich ist.

Die Idee der Gleichbehandlung[20] von Streitigkeiten zwischen Staaten und zwischen Staaten und Internationalen Organisationen stand offenbar hinter der schließlich mehrheitlich akzeptierten Endfassung. Differenziert wird zwischen ius cogens-Streitigkeiten und Streitigkeiten anderer Natur über den Teil V des Entwurfs. Im 1. Fall kann jeder Streitbeteiligte, ob Staat oder Internationale Organisation, an ein gemäß dem Annex[21] zum Entwurf zu konstituierendes Schiedsgericht appellieren, dessen Spruch verbindlich ist. Die Streitparteien können auch im gemeinsamen Konsens sich für ein anderes Schiedsverfahren entscheiden. Im 2. Fall muß auf Antrag einer Streitpartei ein gleichfalls im Annex näher dargestelltes Vergleichsverfahren eingeschlagen werden, das zu rechtlich nicht verbindlichen Lösungsvorschlägen gelangen soll.

Das Modell hat Vor- und Nachteile. Ein Vorteil ist, daß ius cogens-Streitigkeiten im hier behandelten Zusammenhang einem Ergebnis zugeführt werden können, das sowohl denjenigen bindet, der die Vertragsbeendigung, -kündigung oder -suspension notifiziert hat, als auch alle diejenigen, die dagegen Widerspruch erhoben haben. Die friedliche Beilegung der daraus erwachsenen Streitigkeit erscheint insoweit gewährleistet. Die fehlende Konzentration auf einen Spruchkörper (IGH) ermöglicht hingegen — in verschiedenen Verfahren — unterschiedliche

[18] *Reuter* (YBILC 1980 I, S. 33) hatte seinen Vorschlag dahin erläutert, daß ein nach Art. 66 Abs. 1 seines Entwurfes laufendes Streitverfahren vor dem IGH durch spätere Beteiligung einer Internationalen Organisation nicht zur Umschaltung auf das Verfahren nach Abs. 2 führe. Vielmehr sollte die Internationale Organisation dann auf Anhörung nach Art. 34 Abs. 2 IGH-Statut beschränkt sein.

[19] Der ILC Report 1982, S. 138, spricht von „a shift from judicial settlement to conciliation".

[20] Darauf stellt der ILC Report 1982, S. 139, ab. Auch ein Gegenvorschlag (op. cit., S. 137 Anm. 141) stellt Gleichbehandlung dadurch her, daß überhaupt nur ein Vergleichsverfahren für alle Streitigkeiten nach Teil V des Entwurfs vorgesehen wird.

[21] In gewisser Anlehnung an Annex VII der neuen Seerechtskonvention.

Beurteilungen zu Fragen des Bestandes und des Inhaltes von ius cogens-Normen.[22] Die im Entwurf erreichte Gleichstellung von Staaten und Internationalen Organisationen ist aus der Sicht vieler Internationaler Organisationen[23] ein Gewinn, der das prozedurale Konzentrationsproblem in den Hintergrund treten läßt, aus der Sicht mancher — gerade sozialistischer Staaten[24] — jedoch Ausdruck eines prinzipiellen Mangels des Entwurfs. Hauptpunkt der Kritik von dieser Seite ist allerdings die Festschreibung des schiedsgerichtlichen Verfahrens, die als Verstoß gegen den Grundsatz der freien, im Konsens aller Beteiligten zu treffenden Wahl des Verfahrens angesehen wird, das zur friedlichen Streitbeilegung im konkreten Fall führen soll. Art. 66 Entwurf stieß daher auf den klaren Widerstand des sowjetischen ILC-Mitglieds.[25]

Im übrigen erweist sich auch an dieser Stelle wieder das Verhältnis des Entwurfs zur WVK als recht problematisch. Erfaßt Art. 66 Entwurf alle Streitigkeiten von Parteien eines Vertrages zwischen Internationalen Organisationen und Staaten, insofern also auch Streitigkeiten nur zwischen Staaten, so würde diese Bestimmung systemwidrig den Rahmen des Entwurfs sprengen, der sich sonst strikt auf Regeln beschränkt, die im Verhältnis zwischen Staaten und Internationalen Organisationen und zwischen Internationalen Organisationen Anwendung finden, während die WVK die zwischenstaatlichen Vertragsbeziehungen regiert, auch soweit am Vertrag im übrigen Internationale Organisationen beteiligt sind.[26] Legt man aber diese Auffassung zugrunde, so enthält auch der Entwurf keine Lösung des oben angesprochenen prozeduralen Problems, daß z. B. der Notifikation eines Staates, aus ius cogens-Gründen nicht mehr durch den Vertrag gebunden zu sein, von einem anderen Staat, aber auch einer Internationalen Organisation widersprochen wird; streng genommen müßten dann ein Verfahren vor dem IGH und ein schiedsgerichtliches Verfahren parallel geführt werden. Die Problematik ist nicht neu, wird aber an dieser Stelle besonders virulent, weil hier mit einer materiell-rechtlichen Parallelisierung der beiden Regelungswerke wenig gewonnen ist, vielmehr die große Gefahr besteht, daß sich die unterschiedliche verfahrensrechtliche Gestaltung auswirken wird.

---

[22] Vgl. auch *Zemanek*, University of Toledo Law Review 3 (1971), S. 145 ff. (181 f.).

[23] Z. B. die Europäischen Gemeinschaften, UN Doc. A/38/145/Add. 1, S. 41.

[24] Vgl. etwa die Stellungnahmen von CSSR, DDR und UdSSR, A/38/145, S. 5, 8 und 15, sowie von Vietnam, A/39/491, S. 5.

[25] YBILC 1982 I, S. 267.

[26] Dazu siehe oben 3., Kapitel 1, und auch die Bemerkung des ILC-Mitglieds Balanda, YBILC 1982 I, S. 160.

7. Kapitel: Abschließende Betrachtungen

Zusammenfassend lassen sich folgende Überlegungen formulieren:

(1) Der Entwurf der ILC und die ihm vorausgegangenen Diskussionen haben zunächst die Bedeutung der WVK selbst unterstrichen. Auch wenn die Kommission nicht die Aufgabe hatte, die Regeln der WVK als solche zu problematisieren, stärkt doch die Orientierung des Entwurfs an der WVK deren normativen Anspruch; dies gilt vor allem für solche vertragsrechtlichen Institute wie ius cogens und das Prinzip rebus sic stantibus, die immer wieder Zweifeln begegnen, die aber durch den Entwurf eine deutliche Bestätigung erfahren.

(2) Die Kodifikation des völkerrechtlichen Vertragsrechts, die bislang aus der WVK und der Wiener Konvention über Staatensukzession bei Verträgen[1] besteht, wird mit dem Entwurf um ein wesentliches Teilstück ergänzt. Das Vertragsrecht gehört damit zu den am intensivsten und am dichtesten normierten Völkerrechtsgebieten.[2] Dies ist deshalb zu begrüßen, weil die wachsende Vielzahl von zu bewältigenden Problemen die Staaten — und Internationalen Organisationen — immer häufiger auf vertragliche Absprachen verweist, denen das allgemeine Vertragsrecht einen klaren, wenngleich flexiblen Rahmen verleihen kann. Seine Regeln dienen daher der Rechtssicherheit und leisten damit einen wichtigen Beitrag für einen friedlichen Umgang der beteiligten Völkerrechtssubjekte miteinander.

(3) Gewisse Einbußen an Rechtsklarheit ergeben sich freilich daraus, daß es wohl nicht immer gelungen ist, den Anwendungsbereich der WVK von dem des Entwurfs deutlich abzugrenzen. Zwar ist die Grundlinie klar und durch Art. 3 lit. c WVK vorgegeben (s. o. 1. Kapitel, 3.). Im konkreten Zusammenhang zeigt sich jedoch, daß die z. T. unvermeidliche gleichzeitige Heranziehung von WVK und Entwurf zu Schwierigkeiten führen kann, die auch durch weitgehende inhaltliche Anpassung des Entwurfs an die WVK nicht völlig gemeistert werden können.[3] Überdies ist nicht sicher, daß der ILC stets präsent war, wo genau die Trennlinie der jeweiligen

---

[1] UN Doc. A/CONF. 80/31.

[2] Noch nicht geregelt sind etwa die oben 4. c) und d) des 1. Kapitels erwähnten Fragen sowie die für Verträge anderer Völkerrechtssubjekte als Staaten und Internationale Organisationen geltenden Regeln.

[3] Als Beispiel diene Art. 66 Entwurf; vgl. auch oben 2. des 6. Kapitels.

Anwendungsbereiche verläuft.[4] So wird deutlich, daß schon aus diesen Gründen eine möglichst enge materielle Orientierung an der WVK unerläßlich war. Jedenfalls gilt dies für Verträge, an denen sowohl Staaten als auch Internationale Organisationen beteiligt sind. Größere Freiheit hätte insoweit gegenüber Verträgen nur zwischen Internationalen Organisationen bestanden, weil dabei die WVK keine unmittelbare Anwendung finden kann. Aber hier war wohl der verständliche Wunsch nach Vereinheitlichung des Vertragsrechts federführend.[5]

(4) Mit der engen Orientierung des Entwurfs an der WVK wurde überdies die Antwort auf die entscheidende Grundsatzfrage, inwieweit die der WVK immanente Gleichstellung der Vertragspartner auch auf das Verhältnis Internationale Organisationen — Staaten übertragbar sei, der Sache nach weitgehend vorweggenommen. Die Gleichstellung entspricht zwar durchaus einer — hier zweifellos primär vorzunehmenden — vertragsrechtlichen Problemsicht.[6] Aber es ist nicht zu übersehen, daß die Gleichstellung — wie etwa die obige Darstellung zu Art. 6, 46 und 27 Entwurf belegt — in ihrer Anwendung auf Internationale Organisationen zu Konsequenzen führt, die sich unmittelbar auf die rechtlichen Beziehungen der Organisation zu ihren Mitgliedern auswirken und damit über das rein vertragsrechtliche Gebiet hinaus grundsätzliche strukturelle und dogmatische Probleme des Rechts der Internationalen Organisationen aufwerfen. Der Entwurf beschränkt im Ergebnis die Annäherung der Internationalen Organisationen an die Rechtsstellung der Staaten nicht auf das Vertragsrecht; diese Konsequenz muß man klar sehen, auch wenn dies bei der Erörterung einzelner Vorschriften verwischt wurde[7]. Der Entwurf (erst recht seine Annahme auf einer Staatenkonferenz) wird daher auch die Theorie der Internationalen Organisationen erheblich beeinflussen.

(5) Die Assimilation Internationaler Organisationen an Staaten und die sich damit anbahnende Auflösung der zwischen originärer und abgeleiteter Völkerrechtspersönlichkeit bestehenden Unterschiede[8] ist natürlich nicht unwidersprochen geblieben. Die entsprechenden Bedenken sind vor allem von sozialistischen Staaten formuliert worden.[9] Sie verdienen aber durchaus generelle Beachtung, weil es bislang schwerlich gelungen ist, sich über alle möglichen Rückwirkungen dieser Assimilation Klarheit zu verschaffen. Vielleicht hätte man doch an den entscheidenden Stellen

[4] Vgl. etwa die Debatte zur Vorbehaltsproblematik; oben 1. des 4. Kapitels.

[5] Dazu ILC Report 1982, S. 21.

[6] Vgl. op. cit., S. 16 f.

[7] Z. B. YBILC 1981 I, S. 33.

[8] Vgl. dazu auch *Reuter*, Miscellanea *Ganshof van der Meersch* Bd. I (1972), S. 195 ff. (201 f.).

[9] Z. B. Bulgarien und UdSSR (A/C. 6/39/SR. 33, S. 3 und 7); Vietnam (A/39/491, S. 5).

(vor allem Art. 6, 46, 27 Entwurf) dieser grundsätzlich limitierten Fähigkeit und Kompetenz der Internationalen Organisationen Rechnung tragen, bezüglich des vertragsrechtlichen Gleichheitsgedankens vor dem Hintergrund ihrer abgeleiteten Rechtsnatur differenzieren sollen. Dies gilt umso mehr, als an weniger wichtiger Stelle diese Differenzierung durchaus vorgenommen wird, wie die Ausführungen zu Art. 36 Entwurf zeigen[10]. Eine völlig klare Linie ist somit nicht eingehalten. Hierher gehört auch Art. 53 Entwurf, der zeigt, daß der Entwurf an dieser Stelle bestrebt ist, die Gleichstellung Internationaler Organisationen nicht auf die Mitwirkung bei der Entstehung von ius cogens-Regeln zu erstrecken[11].

(6) Angesichts dieser wohl schwerlich schon ausdiskutierten Grundproblematik stellt sich in der Tat die Frage, die die UNESCO in ihrer Stellungnahme — dort allerdings nur auf Art. 36bis Entwurf bezogen — aufgeworfen hat, ob nämlich die Zeit für eine Kodifikation schon reif sei.[12] In ähnlicher Weise zurückhaltend hat sich das Administrative Committee on Co-ordination (ACC) der Vereinten Nationen geäußert und zu bedenken gegeben, ob es nicht sinnvoller sei, die Artikel des Entwurfs zunächst zum Inhalt einer Deklaration, zu „terms of reference" zu machen und ihre Erprobung in der Praxis abzuwarten, bevor sie als verbindliche Rechtsnormen ausgestaltet werden (Konventionslösung), aber dann möglicherweise mangels zu geringer Ratifikation nicht in Kraft treten können.[13] Anders als der WVK, bei der die meisten Regeln als Ausdruck geltenden Völkergewohnheitsrechts angesehen wurden, wäre eine solche Entwicklung der im Entwurf geregelten Materie abträglich, da es sich hier (d. h. bezogen auf Internationale Organisationen!) weit mehr um „progressive development of international law" handelt. Nachdem freilich die Generalversammlung der Vereinten Nationen die Einberufung einer Staatenkonferenz beschlossen hat,[14] ist der Weg zu einer Konventionslösung politisch geebnet. Die Fülle der Probleme legt es jedoch nahe, die Verabschiedung des endgültigen Konventionstextes nicht zu überstürzen.

[10] Oben 1. des 3. Kapitels.

[11] Oben 1. des 6. Kapitels.

[12] A/39/491, S. 8.

[13] A/C. 6/38/4, S. 6. — Vgl. auch den Hinweis bei *Verdross / Simma*, Universelles Völkerrecht (3. Aufl. 1984), S. 435 Anm. 15.

[14] Siehe oben 2. des 1. Kapitels.

Anhang

Anhang I

Gegenüberstellung von WVK und Entwurf

Der Anhang I stellt eine Gegenüberstellung der Artikel der WVK und derjenigen des Entwurfs unter dem Gesichtspunkt identischer Übernahme, lediglich redaktioneller Änderungen, inhaltlich abweichender Regelungen und Artikeln ohne Pendant dar.

Als Artikel ohne Pendant in der WVK zählen nur solche, die in der Artikelzählung der WVK nicht vorkommen („bis"). Nicht darunter fallen Absätze von als solchen auch in der WVK vorhandenen Artikeln, die lediglich die Regelungen auf Internationale Organisationen erstrecken und insoweit nicht in der WVK enthalten sind.

Die Abgrenzung zwischen lediglich redaktioneller Änderung und inhaltlicher Änderung ist problematisch, da jede Anpassung einer Norm der WVK auch eine inhaltliche Änderung darstellt. Als lediglich redaktionelle Änderung wird deshalb eine solche Änderung verstanden, die nur eine formale Anpassung der WVK-Norm auf Internationale Organisationen vorsieht. Inhaltliche Änderung meint demgegenüber einen erhöhten Grad der Anpassung der Norm mit bedeutenderen materiellen Konsequenzen. Die Grenze ist, wie gesagt, fließend.

Die hier vorgenommene formale Klassifizierung eines Artikels sagt nichts aus über das Maß der Problematik, das hinter einer Regelung steht.

1. Identische Übernahme:
Art. 5; 26; 28; 31—33; 40; 41; 52; 53; 56; 58; 59; 61; 64; 68; 71; 72; 80.

2. Lediglich redaktionelle Änderungen:
Art. 1—4; 7; 8; 10—19; 21—25; 27; 29; 34; 35; 37—39; 42—44; 46—51; 54; 57; 60; 62; 63; 65; 67; 69; 70; 74; 75; 77—79.

3. Inhaltliche Änderungen:
Art. 6; 9; 20; 30; 36; 45; 66; 73; 76; Annex.

4. Artikel ohne Pendant:
Art. 36bis (Art. 81 — 85 der WVK nicht im Entwurf enthalten).

Anhang II

Draft Articles on the Law of Treaties between States and International Organizations or between International Organizations*)

PART I

INTRODUCTION

Article 1

Scope of the present articles

The present articles apply to:

(a) treaties between one or more States and one or more international organizations, and

(b) treaties between international organizations.

Article 2

Use of terms

1. For the purpose of the present articles:

   (a) "treaty" means an international agreement governed by international law and concluded in written form:

      (i) between one or more States and one or more international organizations; or

      (ii) between international organizations,

   whether that agreement is embobied in a single instrument or in two or more related instruments and whatever its particular designation;

   (b) "ratification" means the international act so named whereby a State establishes on the international plane its consent to be bound by a treaty;

   (b*bis*) "act of formal confirmation" means an international act corresponding to that of ratification by a State, whereby an international organization establishes on the international plane its consent to be bound by a treaty;

   (b*ter*) "acceptance", "approval" and "accession" mean in each case the international act so named whereby a State or an international organization establishes on the international plane its consent to be bound by a treaty;

   (c) "full powers" means a document emanating from the competent authority of a State and designating a person or persons to represent the State for negotiating, adopting or authenticating the text of a treaty, for expressing the consent of the State to be bound by a treaty or for accomplishing any other act with respect to a treaty;

---

*) ILC Report 1982, S. 25 ff.

(c*bis*) "powers" means a document emanating from the competent organ of an international organization and designating a person or persons to represent the organization for negotiating, adopting or authenticating the text of a treaty, for expressing the consent of the organization to be bound by a treaty or for accomplishing any other act with respect to a treaty;

(d) "reservation" means a unilateral statement, however phrased or named, made by a State or an international organization when signing, ratifying, formally confirming, accepting, approving or acceding to a treaty, whereby it purports to exclude or to modify the legal effect of certain provisions of the treaty in their application to that State or to that organization;

(e) "negotiating State" and "negotiating organization" mean respectively:
(i) a State, or
(ii) an international organization,
which took part in the drawing-up and adoption of the text of the treaty;

(f) "contracting State" and "contracting organization" mean respectively;
(i) a State, or
(ii) an international organization,
which has consented to be bound by a treaty, whether or not the treaty has entered into force;

(g) "party" means a State or an international organization which has consented to be bound by the treaty and for which the treaty is in force;

(h) "third State" and "third organization" mean respectively:
(i) a State, or
(ii) an international organization,
not a party to the treaty;

(i) "international organization" means an intergovernmental organization;

(j) "rules of the organization" means, in particular, the constituent instruments, relevant decisions and resolutions, and established practice of the organization.

2. The provisions of paragraph 1 regarding the use of terms in the present articles are without prejudice to the use of those terms or to the meaning which may be given to them in the internal law of any State or in the rules of any international organization.

Article 3

International agreements not within the scope of the present articles

The fact that the present articles do not apply:

(i) to international agreements to which one or more States, one or more international organizations and one or more subjects of international law other than States or organizations are parties;
or

(ii) to international agreements to which one or more international organizations and one or more subjects of international law other than States or organizations are parties;
or

(iii) to international agreements not in written form between one or more States and one or more international organizations, or between international organizations;

shall not affect:

(a) the legal force of such agreements;

(b) the application of them of any of the rules set forth in the present articles to which they would be subject under international law independently of the present articles;

(c) the application of the present articles to the relations between States and international organizations or to the relations of organizations as between themselves, when those relations are governed by international agreements to which other subjects of international law are also parties.

Article 4

Non-retroactivity of the present articles

Without prejudice to the application of any rules set forth in the present articles to which treaties between one or more States and one or more international organizations or between international organizations would be subject under international law independently of the present articles, the present articles apply only to such treaties concluded after the entry into force of the present articles with regard to those States and those organizations.

Article 5

Treaties constituting international organizations and treaties adopted within an international organization

The present articles apply to any treaty which is in the constituent instrument of an international organization and to any treaty adopted within an international organization without prejudice to any relevant rules of the organization.

PART II

CONCLUSION AND ENTRY INTO FORCE OF TREATIES

Section 1. Conclusion of treaties

Article 6

Capacity of international organizations to conclude treaties

The capacity of an international organization to conclude treaties is governed by the relevant rules of that organization.

Article 7

Full powers and powers

1. A person is considered as representing a State for the purpose of adopting or authenticating the text of a treaty or for the purpose of expressing the consent of the State to be bound by such a treaty if:

   (a) he produces appropriate full powers; or

   (b) it appears from practice or from other circumstances that that person is considered as representing the State for such purposes without having to produce full powers.

2. In virtue of their function and without having to produce full powers, the following are considered as representing their State:

(a) Heads of State, Heads of Government and Ministers for Foreign Affairs, for the purpose of performing all acts relating to the conclusion of a treaty between one or more States and one or more international organizations;

(b) heads of delegations of States to an international conference of States in which international organizations participate, for the purpose of adopting the text of a treaty between States and international organizations;

(c) heads of delegations of States to an organ of an international organization, for the purpose of adopting the text of a treaty within that organization;

(d) heads of permanent missions to an international organization, for the purpose of adopting the text of a treaty between the accrediting States and that organization;

(e) heads of permanent missions to an international organization, for the purpose of signing, or signing *ad referendum*, a treaty between the accrediting States and that organization, if it appears from practice or from other circumstances that those heads of permanent missions are considered as representing their States for such purposes without having to produce full powers.

3. A person is considered as representing an international organization for the purpose of adopting or authenticating the text of a treaty if:

(a) he produces appropriate powers; or

(b) it appears from practice or from other circumstances that that person is considered as representing the organization for such purposes without having to produce powers.

4. A person is considered as representing an international organization for the purpose of expressing the consent of that organization to be bound by a treaty if:

(a) he produces appropriate powers; or

(b) it appears from the practice of the competent organs of the organization or from other circumstances that that person is considered as representing the organization for such purpose without having to produce powers.

Article 8

Subsequent confirmation of an act performed without authorization

An act relating to the conclusion of a treaty performed by a person who cannot be considered under article 7 as authorized to represent a State or an international organization for that purpose is without legal effect unless afterwards confirmed by that State or that organization.

Article 9

Adoption of the text

1. The adoption of the text of a treaty takes place by the consent of all the States and international organizations or, as the case may be, all the organizations participating in its drawing up except as provided in paragraph 2.

2. The adoption of the text of a treaty between States and international organizations at an international conference of States in which organizations participate takes place by the vote of two-thirds of the States and orga-

nizations present and voting, unless by the same majority they shall decide to apply a different rule.

Article 10
Authentication of the text

1. The text of a treaty between one or more States and one or more international organizations is established as authentic and definitive:
   (a) by such procedure as may be provided for in the text or agreed upon by the States and organizations participating in its drawing up; or
   (b) failing such procedure, by the signature, signature *ad referendum* or initialling by the representatives of those States and those organizations of the text of the treaty or of the final act of a conference incorporating the text.
2. The text of a treaty between international organizations is established as authentic and definitive:
   (a) by such procedure as may be provided for in the text or agreed upon by the organizations participating in its drawing up; or
   (b) failing such procedure, by the signature, signature *ad referendum* or initialling by the representatives of those organizations of the text of a treaty or of the final act of a conference incorporating the text.

Article 11
Means of expressing consent to be bound by a treaty

1. The consent of a State to be bound by a treaty may be expressed by signature, exchange of instruments constituting a treaty, ratification, acceptance, approval or accession, or by any other means if so agreed.
2. The consent of an international organization to be bound by a treaty may be expressed by signature, exchange of instruments constituting a treaty, act of formal confirmation, acceptance, approval or accession, or by any other means if so agreed.

Article 12
Consent to be bound by a treaty expressed by signature

1. The consent of a State to be bound by a treaty is expressed by the signature of the representative of that State when:
   (a) the treaty provides that signature shall have that effect;
   (b) it is otherwise established that the negotiating States and negotiating organizations were agreed that signature should have that effect; or
   (c) the intention of the State to give that effect to the signature appears from the full powers of its representative or was expressed during the negotiation.
2. The consent of an international organization to be bound by a treaty is expressed by the signature of the representative of that organization when:
   (a) the treaty provides that signature shall have that effect;
   (b) it is otherwise established that the negotiating States and negotiating organizations or, as the case may be, the negotiating organizations were agreed that signature should have that effect; or
   (c) the intention of the organization to give that effect to the signature appears from the powers of its representative or was expressed during the negotiation.

3. For the purpose of paragraphs 1 and 2;
   (a) the initialling of a text constitutes a signature when it is established that the negotiating States and negotiating organizations or, as the case may be, the negotiating organizations so agreed;
   (b) the signatures *ad referendum* of a treaty by the representative of a State or an international organization, if confirmed by his State or organization, constitutes a full signature of the treaty.

Article 13

Consent to be bound by a treaty expressed by an exchange of instruments consituting a treaty

The consent of States and international organizations or, as the case may be, of organizations to be bound by a treaty constituted by instruments exchanged between them is expressed by that exchange when:

(a) the instruments provide that their exchange shall have that effect; or

(b) it is otherwise established that those States and those organizations or, as the case may be, those organizations were agreed that the exchange of instruments should have that effect.

Article 14

Consent to be bound by a treaty expressed by ratification, act of formal confirmation, acceptance or approval

1. The consent of a State to be bound by a treaty is expressed by ratification when:
   (a) the treaty provides for such consent to be expressed by means of ratification;
   (b) it is otherwise established that the negotiating States and negotiating organizations were agreed that ratification should be required;
   (c) the representative of the State has signed the treaty subject to ratification; or
   (d) the intention of the State to sign the treaty subject to ratification appears from the full powers of its representatives or was expressed during the negotiation.
2. The consent of an international organization to be bound by a treaty is expressed by an act of formal confirmation when:
   (a) the treaty provides for such consent to be expressed by means of an act of formal confirmation;
   (b) it is otherwise established that the negotiating States and negotiating organizations or, as the case may be, the negotiating organizations were agreed that an act of formal confirmation should be required;
   (c) the representative of the organization has signed the treaty subject to an act of formal confirmation; or
   (d) the intention of the organization to sign the treaty subject to an act of formal confirmation appears from the powers of its representative or was expressed during the negotiation.
3. The consent of a State or of an international organization to be bound by a treaty is expressed by acceptance or approval under conditions similar to those which apply to ratification or, as the case may be, to an act of formal confirmation.

Article 15

Consent to be bound by a treaty expressed by accession

The consent of a State or of an international organization to be bound by a treaty is expressed by accession when:

(a) the treaty provides that such consent may be expressed by that State or that organization by means of accession;

(b) it is otherwise established that the negotiating States and negotiating organizations or, as the case may be, the negotiating organizations were agreed that such consent may be expressed by that State or that organization by means of accession; or

(c) all the parties have subsequently agreed that such consent may be expressed by that State or that organization by means of accession.

Article 16

Exchange or deposit of instruments of ratification, formal confirmation, acceptance, approval or accession

1. Unless the treaty otherwise provides, instruments of ratification, instruments relating to an act of formal confirmation or instruments of acceptance, approval or accession establish the consent of a State or of an international organization to be bound by a treaty between one or more States and one or more international organizations upon:
   (a) their exchange between the contracting States and the contracting organizations;
   (b) their deposit with the depositary; or
   (c) their notification to the contracting States and to the contracting organizations or to the depositary, if so agreed.
2. Unless the treaty otherwise provides, instruments relating to an act of formal confirmation or instruments of acceptance, approval or accession establish the consent of an international organization to be bound by a treaty between international organizations upon:
   (a) their exchange between the contracting organizations;
   (b) their deposit with the depositary; or
   (c) their notification to the contracting organizations or to the depositary, if so agreed.

Article 17

Consent to be bound by part of a treaty and choice of differing provisions

1. Without prejudice to articles 19 to 23, the consent of a State or of an international organization to be bound by part of a treaty between one or more States and one or more international organizations is effective only if the treaty so permits or if the other contracting States and the contracting organizations or, as the case may be the other contracting organizations and the contracting States so agree.
2. Without prejudice to articles 19 to 23, the consent of an international organization to be bound by part of a treaty between international organizations is effective only if the treaty so permits or if the other contracting organizations so agree.
3. The consent of a State or of an international organization to be bound by a treaty between one or more States and one or more international organizations which permits a choice between differing provisions is effective only if it is made clear to which of the provisions the consent relates.

4. The consent of an international organization to be bound by a treaty between international organizations which permits a choice between differing provisions is effective only if it is made clear to which of the provisions the consent relates.

Article 18

Obligation not to defeat the object and purpose of a treaty prior to its entry into force

A State or an international organization is obliged to refrain from acts which would defeat the object and purpose of a treaty when:

(a) that State or that organization has signed the treaty or has exchanged the instruments constituting the treaty subject to ratification, act of formal confirmation, acceptance or approval, until that State or that organization shall have made its intention clear not to become a party to the treaty; or

(b) that State or that organization has expressed its consent to be bound by the treaty, pending the entry into force of the treaty and provided that such entry into force is not unduly delayed.

Section 2. Reservations

Article 19

Formulation of reservations

1. A State may, when signing, ratifying, accepting, approving or acceding to a treaty, formulate a reservation unless:
   (a) the reservation is prohibited by the treaty or it is otherwise established that the negotiating States and negotiating organizations were agreed that the reservation is prohibited;
   (b) the treaty provides that only specified reservations, which do not include the reservation in question, may be made; or
   (c) in cases not falling under subparagraphs (a) and (b), the reservation is incompatible with the object and purpose of the treaty.
2. An international organization may, when signing, formally confirming, accepting, approving or acceding to a treaty, formulate a reservation unless:
   (a) the reservation is prohibited by the treaty or it is otherwise established that the negotiating States and negotiating organizations or, as the case may be, the negotiating organizations were agreed that the reservation is prohibited;
   (b) the treaty provides that only specified reservations, which do not include the reservation in question, may be made; or
   (c) in cases not falling under subparagraphs (a) and (b), the reservation is incompatible with the object and purpose of the treaty.

Article 20

Acceptance of and objection to reservations

1. A reservation expressly authorized by a treaty does not require any subsequent acceptance by the contracting States and contracting organizations or, as the case may be, by the contracting organizations unless the treaty so provides.
2. When it appears from the object and the purpose of a treaty that the application of the treaty in its entirety between all the parties is an essential

condition of the consent of each one to be bound by the treaty, a reservation requires acceptance by all the parties.

3. When a treaty is a constituent instrument of an international organization and unless it otherwise provides, a reservation requires the acceptance of the competent organ of that organization.

4. In cases not falling under the preceding paragraphs and unless the treaty otherwise provides:
   (a) acceptance of a reservation by a contracting State or by a contracting organization constitutes the reserving State or international organization a party to the treaty in relation to the accepting State or organization if or when the treaty is in force for the author of the reservation and for the State or organization which has accepted it;
   (b) an objection by a contracting State or by a contracting organization to a reservation does not preclude the entry into force of the treaty as between the objecting State or international organization and the reserving State or organization unless a contrary intention is definitely expressed by the objecting State or organization;
   (c) an act expressing the consent of a State or of an international organization to be bound by the treaty and containing a reservation is effective as soon as at least one other contracting State or one contracting organization or, as the case may be, one other contracting organization or one contracting State has accepted the reservation.

5. For the purposes of paragraphs 2 and 4 and unless the treaty otherwise provides, a reservation is considered to have been accepted by a State if it shall have raised no objection to the reservation by the end of a period of twelve months after it was notified of the reservation or by the date on which it expressed its consent to be bound by the treaty, whichever is later.

Article 21

Legal effects of reservations and of objections to reservations

1. A reservation established with regard to another party in accordance with articles 19, 20 and 23:
   (a) modifies for the reserving State or international organization in its relations with that other party the provisions of the treaty to which the reservation relates to the extent of the reservation; and
   (b) modifies those provisions to the same extent for that other party in its relations with the reserving State or international organization.

2. The reservation does not modify the provisions of the treaty for the other parties to the treaty *inter se*.

3. When a State or international organization objecting to a reservation has not opposed the entry into force of the treaty between itself and the reserving State or organization, the provisions to which the reservation relates do not apply as between the author of the reservation and the objecting State or organization to the extent of the reservation.

Article 22

Withdrawal of reservations and of objections to reservations

1. Unless the treaty otherwise provides, a reservation may be withdrawn at any time and the consent of a State or of an international organization which has accepted the reservation is not required for its withdrawal.

2. Unless the treaty otherwise provides, an objection to a reservation may be withdrawn at any time.
3. Unless the treaty otherwise provides, or it is otherwise agreed:
   (a) the withdrawal of a reservation becomes operative in relation to another contracting State or a contracting organization or, as the case may be, another contracting organization or a contracting State only when notice of it has been received by that State or that organization;
   (b) the withdrawal of an objection to a reservation becomes operative only when notice of it has been received by the State or international organization which formulated the reservation.

Article 23

Procedure regarding reservations

1. A reservation, an express acceptance of a reservation and an objection to a reservation must be formulated in writing and communicated to the contracting States and contracting organizations and other States and international organizations entitled to become parties to the treaty.
2. If formulated when signing the treaty subject to ratification, act of formal confirmation, acceptance or approval, a reservation must be formally confirmed by the reserving State or international organization when expressing its consent to be bound by a treaty. In such a case the reservation shall be considered as having been made on the date of its confirmation.
3. An express acceptance of, or an objection to, a reservation made previously to confirmation of the reservation does not itself require confirmation.
4. The withdrawal of a reservation or of an objection to a reservation must be formulated in writing.

Section 3. Entry into force and provisional application of treaties

Article 24

Entry into force

1. A treaty enters into force in such manner and upon such date as it may provide or as the negotiating States or negotiating organizations or, as the case may be, the negotiating organizations may agree.
2. Failing any such provision or agreement, a treaty enters into force as soon as consent to be bound by the treaty has been established for all the negotiating States and negotiating organizations or, as the case may be, all the negotiating organizations.
3. When the consent of a State or of an international organization to be bound by a treaty is established on a date after the treaty has come into force, the treaty enters into force for that State or that organization on that date, unless the treaty otherwise provides.
4. The provisions of a treaty regulating the authentication of its text, the establishment of the consent to be bound by the treaty, the manner or date of its entry into force, reservations, the functions of the depositary and other matters arising necessarily before the entry into force of the treaty apply from the time of the adoption of its text.

Article 25

Provisional application

1. A treaty or a part of a treaty is applied provisionally pending its entry into force if:
   (a) the treaty itself so provides; or
   (b) the negotiating States and negotiating organizations or, as the case may be, the negotiating organizations have in some other manner so agreed.
2. Unless the treaty otherwise provides or the negotiating States and negotiating organizations or, as the case may be, the negotiating organizations have otherwise agreed, the provisional application of a treaty or a part of a treaty with respect to a State or international organization shall be terminated if that State or that organization notifies the other States and the organizations or, as the case may be, the other organizations and the States between which the treaty is being applied provisionally of its intention not to become a party of the treaty.

PART III

OBSERVANCE, APPLICATION AND INTERPRETATION OF TREATIES

Section 1. Observance of treaties

Article 26

Pacta sunt servanda

Every treaty in force is binding upon the parties to it and must be performed by them in good faith.

Article 27

Internal law of States, rules of international organizations and observance of treaties

1. A State party to a treaty may not invoke the provisions of its internal law as justification for its failure to perform a treaty.
2. An international organization party to a treaty may not invoke the rules of the organization as justification for its failure to perform the treaty.
3. The rules contained in the preceding paragraphs are without prejudice to article 46.

Section 2. Application of treaties

Article 28

Non-retroactivity of treaties

Unless a different intention appears from the treaty or is otherwise established, its provisions do not bind a party in relation to any act or fact which took place or any situation which ceased to exist before the date of the entry into force of the treaty with respect to that party.

Article 29

Territorial scope of treaties

Unless a different intention appears from the treaty or is otherwise established a treaty between one or more States and one or more international organizations is binding upon each State party in respect of its entire territory.

Article 30

Application of successive treaties relating to the same subject-matter

1. The rights and obligations of States and international organizations parties to successive treaties relating to the same subject-matter shall be determined in accordance with the following paragraphs.
2. When a treaty specifies that it is subject to, or that it is not to be considered as incompatible with, an earlier or later treaty, the provisions of that other treaty prevail.
3. When all the parties to the earlier treaty are parties also to the later treaty but the earlier treaty is not terminated or suspended in operation under article 59, the earlier treaty applies only to the extent that its provisions are compatible with those of the later treaty.
4. When the parties to the later treaty do not include all the parties to the earlier one:
   (a) as between two parties, each of which is a party to both treaties, the same rule applies as in paragraph 3;
   (b) as between a party to both treaties and a party to only one of the treaties, the treaty to which both are parties governs their mutual rights and obligations.
5. Paragraph 4 is without prejudice to article 41, or to any question of the termination or suspension of the operation of a treaty under article 60 or to any question of responsibility which may arise for a State or for an international organization from the conclusion or application of a treaty the provisions of which are incompatible with its obligations towards another State or an organization or, as the case may be, towards another organization or a State not party to that treaty, under another treaty.
6. The preceding paragraphs are without prejudice to Article 103 of the Charter of the United Nations.

Section 3. Interpretation of treaties

Article 31

General rule of interpretation

1. A treaty shall be interpreted in good faith in accordance with the ordinary meaning to be given to the terms of the treaty in their context and in the light of its object and purpose.
2. The context for the purpose of the interpretation of a treaty shall comprise, in addition to the text, including its preamble and annexes:
   (a) any agreement relating to the treaty which was made between all the parties in connection with the conclusion of the treaty;
   (b) any instrument which was made by one or more parties in connection with the conclusion of the treaty and accepted by the other parties as an instrument related to the treaty.
3. There shall be taken into account, together with the context:
   (a) any subsequent agreement between the parties regarding the interpretation of the treaty or the application of its provisions;
   (b) any subsequent practice in the application of the treaty which establishes the agreement of the parties regarding its interpretation;
   (c) any relevant rules of international law applicable in the relation between the parties.

4. A special meaning shall be given to a term if it is established that the parties so intended.

Article 32

Supplementary means of interpretation

Resource may be had to supplementary means of interpretation, including the preparatory work of the treaty and the circumstances of its conclusion, in order to confirm the meaning resulting from the application of article 31, or to determine the meaning when the interpretation according to article 31:

(a) leaves the meaning ambiguous or obscure; or

(b) leads to a result which is manifestly absurd or unreasonable.

Article 33

Interpretation of treaties authenticated in two or more languages

1. When a treaty has been authenticated in two or more languages, the text is equally authoritative in each language, unless the treaty provides or the parties agree that, in case of divergence, a particular text shall prevail.
2. A version of the treaty in a language other than one of those in which the text was authenticated shall be considered an authentic text only if the treaty so provides or the parties so agree.
3. The terms of the treaty are presumed to have the same meaning in each authentic text.
4. Except where a particular text prevails in accordance with paragraph 1, when a comparison of the authentic texts discloses a difference of meaning which the application of articles 31 and 32 does not remove, the meaning which best reconciles the texts, having regard to the object and purpose of the treaty, shall be adopted.

Section 4. Treaties and third States or third organizations

Article 34

General rule regarding third States and third organizations

A treaty does not create either obligations or rights for a third State or a third organization without the consent of that State or that organization.

Article 35

Treaties providing for obligations for third States or third organizations

1. An obligation arises for a third State from a provision of a treaty if the parties to the treaty intend the provision to be the means of establishing the obligation and the third State expressly accepts that obligation in writing.
2. An obligation arises for a third organization from a provision of a treaty if the parties to the treaty intend the provision to be the means of establishing the obligation and the third organization expressly accepts that obligation in writing. Acceptance by the third organization of such an obligation shall be governed by the relevant rules of that organization.

Article 36

Treaties providing for rights for third States or third organizations

1. A right arises for a third State from a provision of a treaty if the parties to the treaty intend the provision to accord that right either to the third

State, or to a group of States to which it belongs, or to all States, and if the third State assents thereto. Its assent shall be presumed so long as the contrary is not indicated, unless the treaty otherwise provides.

2. A right arises for a third organization from a provision of a treaty if the parties to the treaty intend the provision to accord that right either to the third organization, or to a group of international organizations to which it belongs, or to all organizations, and the third organization assents thereto. Its assents shall be governed by the relevant rules of the organization.

3. A State or an international organization exercising a right in accordance with paragraph 1 or 2 shall comply with the conditions for its exercise provided for in the treaty or established in conformity with the treaty.

Article 36bis

Obligations and rights arising for States members of an international organization from a treaty to which it is a party

Obligations and rights arise for States members of an international organization from the provisions of a treaty to which that organization is a party when the parties to the treaty intend those provisions to be the means of establishing such obligations and according such rights and have defined their conditions and effects in the treaty or have otherwise agreed thereon, and if:

(a) the State members of the organization, by virtue of the consituent instrument of that organization or otherwise, have unanimously agreed to be bound by the said provisions of the treaty; and

(b) the assent of the States members of the organization to be bound by the relevant provisions of the treaty has been duly brought to the knowledge of the negotiating States and negotiating organizations.

Article 37

Revocation or modification of obligations or rights of third States or third organizations

1. When an obligation has arisen for a third State in conformity with paragraph 1 of article 35, the obligation may be revoked or modified only with the consent of the parties to the treaty and of the third State, unless it is established that they had otherwise agreed.

2. When an obligation has arisen for a third organization in conformity with paragraph 2 of article 35, the obligation may be revoked or modified only with the consent of the parties to the treaty and of the third organization, unless it is established that they had otherwise agreed.

3. When a right has arisen for a third State in conformity with paragraph 1 of article 36, the right may not be revoked or modified by the parties if it is established that the right was intended not to be revocable or subject to modification without the consent of the third State.

4. When a right has arisen for a third organization in conformity with paragraph 2 of article 36, the right may not be revoked or modified by the parties if its is established that the right was intended not to be revocable or subject to modification without the consent of the third organization.

5. The consent of an international organization party to the treaty or of a third organization, as provided for in the foregoing paragraphs, shall be governed by the relevant rules of that organization.

Article 38

Rules in a treaty becoming binding on third States or third organizations through international custom

Nothing in articles 34 to 37 precludes a rule set fourth in a treaty from becoming binding upon a third State or a third organization as a customary rule of international law, recognized as such.

PART IV

AMENDMENT AND MODIFICATION OF TREATIES

Article 39

General rule regarding the amendment of treaties

1. A treaty may be amended by agreement between the parties. The rules laid down in Part II apply to such an agreement except in so far as the treaty may otherwise provide.
2. The consent of an international organization to an agreement provided for in paragraph 1 shall be governed by the relevant rules of that organization.

Article 40

Amendment of multilateral treaties

1. Unless the treaty otherwise provides, the amendment of multilateral treaties shall be governed by the following paragraphs.
2. Any proposal to amend a multilateral treaty as between all the parties must be notified to all the contracting States and contracting organizations or, as the case may be, to all the contracting organizations, each one of which shall have the right to take part in:
   (a) the decision as to the action to be taken in regard to such proposal;
   (b) the negotiation and conclusion of any agreement for the amendment of the treaty.
3. Every State or international organization entitled to become a party to the treaty shall also be entitled to become a party to the treaty as amended.
4. The amending agreement does not bind any party to the treaty which does not become a party to the amending agreement; article 30, paragraph 4 (b), applies in relation to such a party.
5. Any State or international organization which becomes a party to the treaty after the entry into force of the amending agreement shall, failing an expression of a different intention by that State or organization:
   (a) be considered as a party to the treaty as amended, and
   (b) be considered as a party to the unamended treaty in relation to any party to the treaty not bound by the amending agreement.

Article 41

Agreement to modify multilateral treaties between certain of the parties only

1. Two or more of the parties to a multilateral treaty may conclude an agreement to modify the treaty as between themselves alone if:
   (a) the possibility of such a modification is provided for by the treaty; or
   (b) the modification in question is not prohibited by the treaty and:

(i) does not affect the enjoyment by the other parties of their rights under the treaty or the performance of their obligations;

(ii) does not relate to a provision derogation from which is incompatible with the effective execution of the object and purpose of the treaty as a whole.

2. Unless in case falling under paragraph 1 (a) the treaty otherwise provides, the parties in question shall notify the other parties of their intention to conclude the agreement and of the modification to the treaty for which it provides.

PART V

INVALIDITY, TERMINATION AND SUSPENSION OF THE OPERATION OF TREATIES

Section 1. General provisions

Article 42

Validity and continuance in force of treaties

1. The validity of a treaty or of the consent of a State or an international organization to be bound by a treaty may be impeached only through the application of the present articles.
2. The termination of a treaty, its denunciation or the withdrawal of a party, may take place only as a result of the application of the provisions of the treaty or of the present articles. The same rule applies to suspension of the operation of a treaty.

Article 43

Obligations imposed by international law independently of a treaty

The invalidity, termination or denunciation of a treaty, the withdrawal of a party from it or the suspension of its operation, as a result of the application of the present articles or of the provisions of the treaty shall not in any way impair the duty of any State or of an international organization to fulfil any obligation embodied in the treaty to which that State or that organization would be subject under international law independently of the treaty.

Article 44

Separability of treaty provisions

1. A right of a party, provided for in a treaty or arising under Article 56, to denounce, withdraw from or suspend the operation of the treaty, may be exercised only with respect to the whole treaty unless the treaty otherwise provides or the parties otherwise agree.
2. A ground for invalidating, terminating, withdrawing from or suspending the operation of a treaty recognized in the present articles may be invoked only with respect to the whole treaty except as provided in the following paragraphs or in article 60.
3. If the ground relates solely to particular clauses, it may be invoked only with respect to those clauses where:

(a) the said clauses are separable from the remainder of the treaty with regard to their application;

(b) it appears from the treaty or is otherwise established that acceptance of those clauses was not an essential basis of the consent of the other party or parties to be bound by the treaty as a whole; and

(c) continued performance of the remainder of the treaty would not be unjust.

4. In cases falling under articles 49 and 50, the State or the international organization entitled to invoke the fraud or corruption may do so with respect either to the whole treaty, or subject to paragraph 3, to the particular clauses alone.

5. In cases falling under articles 51, 52 and 53, no separation of the provisions of the treaty is permitted.

Article 45

Loss of a right to invoke a ground for invalidating, terminating, withdrawing from or suspending the operation of a treaty

1. A State may no longer invoke a ground for invalidating, terminating, withdrawing from or suspending the operation of a treaty under articles 46 to 50 or articles 60 to 62 if, after becoming aware of the facts:

   (a) it shall have expressly agreed that the treaty is valid or remains in force or continues in operation, as the case may be; or

   (b) it must by reason of its conduct be considered as having acquiesced in the validity of the treaty or in its maintenance in force or in operation, as the case may be.

2. An international organization may no longer invoke a ground for invalidating, terminating, withdrawing from or suspending the operation of a treaty under articles 46 to 50 or articles 60 to 62 if, after becoming aware of the facts;

   (a) it shall have expressly agreed that the treaty is valid or remains in force or continues in operation, as the case may be; or

   (b) it must by reason of the conduct of the competent organ be considered as having renounced the right to invoke that ground.

Section 2. Invalidity of treaties

Article 46

Provisions of internal law of a State and rules of an international organization regarding competence to conclude treaties

1. A State may not invoke the fact that its consent to be bound by a treaty has been expressed in violation of a provision of its internal law regarding competence to conclude treaties as invalidating its consent unless that violation was manifest and concerned a rule of its internal law of fundamental importance.

2. In the case of paragraph 1, a violation is manifest if it would be objectively evident to any State or any international organization referring in good faith to normal practice of States in the matter.

3. An international organization may not invoke the fact that its consent to be bound by a treaty has been expressed in violation of the rules of the organization regarding competence to conclude treaties as invalidating its consent unless that violation was manifest and concerned a rule of fundamental importance.

4. In the case of paragraph 3, a violation is manifest if it is or ought to be within the knowledge of any contracting State or any contracting organization.

Article 47

Specific restrictions on authority to express the consent of a State or an international organization

If the authority of a representative to express the consent of a State or of an international organization to be bound by a particular treaty has been made subject to a specific restriction, his omission to observe that restriction may not be invoked as invalidating the consent expressed by him unless the restriction was notified to the other negotiating States and negotiating organizations or, as the case may be, to the other negotiating organizations and negotiating States prior to his expressing such consent.

Article 48

Error

1. A State or an international organization may invoke an error in a treaty as invalidating its consent to be bound by the treaty if the error relates to a fact or a situation which was assumed by that State or that organization to exist at the time when the treaty was concluded and formed an essential basis of the consent of that State or that organization to be bound by the treaty.
2. Paragraph 1 shall not apply if the State or international organization in question contributed by its own conduct to the error or if the circumstances were such as to put that State or that organization on notice of a possible error.
3. An error relating only to the wording of the text of a treaty does not affect its validity; article 79 then applies.

Article 49

Fraud

A State or an international organization induced to conclude a treaty by the fraudulent conduct of a negotiating State or a negotiating organization may invoke the fraud as invalidating its consent to be bound by the treaty.

Article 50

Corruption of a representative of a State or of an international organization

A State or an international organization the expression of whose consent to be bound by a treaty has been procured through the corruption of its representative directly or indirectly by a negotiating State or a negotiating organization may invoke such corruption as invalidating its consent to be bound by the treaty.

Article 51

Coercion of a representative of a State or of an international organization

The expression by a State or an international organization of consent to be bound by a treaty which has been procured by the coercion of the representative of that State or that organization through acts or threats directed against him shall be without any legal effect.

Article 52

Coercion by the threat or use of force

A treaty is void if its conclusion has been procured by the threat or use of force in violation of the principles of international law embodied in the Charter of the United Nations.

Article 53

Treaties conflicting with a peremptory norm of general international law (jus cogens)

A treaty is void if, at the time of its conclusion, it conflicts with a peremptory norm of general international law. For the purpose of the present articles, a peremptory norm of general international law is a norm accepted and recognized by the international community of States as a whole as a norm from which no derogation is permitted and which can be modified only by a subsequent norm of general international law having the same character.

Section 3. Termination and suspension of the operation of treaties

Article 54

Termination of or withdrawal from a treaty under its provisions or by consent of the parties

The termination of a treaty or the withdrawal of a party may take place:

(a) in conformity with the provisions of the treaty; or

(b) at any time by consent of all the parties, after consulting with the other contracting States and the other contracting organizations or, as the case may be, with the other contracting organizations.

Article 55

Reduction of the parties to a multilateral treaty below the number necessary for its entry into force

Unless the treaty otherwise provides, a multilateral treaty does not terminate by reason only of the fact that the number of the parties falls below the number necessary for its entry into force.

Article 56

Denunciation of or withdrawal from a treaty containing no provision regarding termination, denunciation or withdrawal

1. A treaty which contains no provision regarding its termination and which does not provide for denunciation or withdrawal is not subject to denunciation or withdrawal unless:
   (a) it is established that the parties intended to admit the possibility of denunciation or withdrawal; or
   (b) a right of denunciation or withdrawal may be implied by the nature of the treaty.
2. A party shall give not less than twelve months' notice of its intention to denounce or withdraw from a treaty under paragraph 1.

Article 57

Suspension of the operation of a treaty under its provisions or by consent of the parties

The operation of a treaty in regard to all the parties or to a particular party may be suspended:

(a) in conformity with the provisions of the treaty; or

(b) at any time by consent of all the parties, after consultation with the other contracting States and the other contracting organizations or, as the case may be, with the other contracting organizations.

Article 58

Suspension of the operation of a multilateral treaty by agreement between certain of the parties only

1. Two or more parties to a multilateral treaty may conclude an agreement to suspend the operation of provisions of the treaty, temporarily and as between themselves alone, if:
   (a) the possibility of such a suspension is provided for by the treaty; or
   (b) the suspension in question is not prohibited by the treaty and:
      (i) does not affect the enjoyment by the other parties of their rights under the treaty or the performance of their obligations;
      (ii) is not incompatible with the object and purpose of the treaty.
2. Unless in a case falling under paragraph 1 (a) the treaty otherwise provides, the parties in question shall notify the other parties of their intention to conclude the agreement and of those provisions of the treaty the operation of which they intend to suspend.

Article 59

Termination or suspension of the operation of a treaty implied by conclusion of a later treaty

1. A treaty shall be considered as terminated if all the parties to it conclude a later treaty relating to the same subject-matter and:
   (a) it appears from the later treaty or is otherwise established that the parties intended that the matter should be governed by that treaty; or
   (b) the provisions of the later treaty are so far incompatible with those of the earlier one that the two treaties are not capable of being applied at the same time.
2. The earlier treaty shall be considered as only suspended in operation if it appears from the later treaty or is otherwise established that such was the intention of the parties.

Article 60

Termination or suspension of the operation of a treaty as a consequence of its breach

1. A material breach of a bilateral treaty by one of the parties entitles the other to invoke the breach as a ground for terminating the treaty or suspending its operation in whole or in part.
2. A material breach of a multilateral treaty by one of the parties entitles:
   (a) the other parties by unanimous agreeement to suspend the operation of the treaty in whole or in part or to terminate it either:
      (i) in the relations between themselves and the defaulting State or international organization, or
      (ii) as between all the parties;
   (b) a party specially affected by the breach to invoke it as a ground for suspending the operation of the treaty in whole or in part in the relations between itself and the defaulting State or international organization;

(c) any party other than the defaulting State or international organization to invoke the breach as a ground for suspending the operation of the treaty in whole or in part with respect to itself if the treaty is of such a character that a material breach of its provisions by one party radically changes the position of every party with respect to the further performance of its obligation under the treaty.

3. A material breach of a treaty, for the purpose of this article, consists in:
   (a) a repudiation of the treaty not sanctioned by the present articles; or
   (b) the violation of a provision essential to the accomplishment of the object or purpose of the treaty.
4. The foregoing paragraphs are without prejudice to any provision in the treaty applicable in the event of a breach.
5. Paragraphs 1 to 3 do not apply to provisions relating to the protection of the human person contained in treaties of a humanitarian character, in particular to provisions prohibiting any forms of reprisals against persons protected by such treaties.

Article 61

Supervening impossibility of performance

1. A party may invoke the impossibility of performing a treaty as a ground for terminating or withdrawing from it if the impossibility results from the permanent disappearance or destruction of an object indispensable for the execution of the treaty. If the impossibility is temporary, it may be invoked only as a ground for suspending the operation of the treaty.
2. Impossibility of performance may not be invoked by a party as a ground for terminating, withdrawing from or suspending the operation of a treaty if the impossibility is the result of a breach by that party either of an obligation under the treaty or of any other international obligation owed to any other party to the treaty.

Article 62

Fundamental change of circumstances

1. A fundamental change of circumstances which has occurred with regard to those existing at the time of the conclusion of a treaty, and which was not foreseen by the parties, may not be invoked as a ground for terminating or withdrawing from the treaty unless:
   (a) the existence of those circumstances constituted an essential basis of the consent of the parties to be bound by the treaty; and
   (b) the effect of the change is radically to transform the extent of obligations still to be performed under the treaty.
2. A fundamental change of circumstances may not be invoked as a ground for terminating or withdrawing from a treaty between two or more States and one or more international organizations, if the treaty establishes a boundary.
3. A fundamental change of circumstances may not be invoked as a ground for terminating or withdrawing from a treaty if the fundamental change is the result of a breach by the party invoking it either of an obligation under the treaty or of any other international obligation owed to any other party to the treaty.

4. If, under the foregoing paragraphs, a party may invoke a fundamental change of circumstances as a ground for terminating or withdrawing from a treaty it may also invoke the change as a ground for suspending the operation of the treaty.

Article 63

Severance of diplomatic or consular relations

The severance of diplomatic or consular relations between State parties to a treaty between two or more States and one or more international organizations does not affect the legal relations established between those States by the treaty except in so far as the existence of diplomatic or consular relations is indispensable for the application of the treaty.

Article 64

Emergence of a new peremptory norm of general international law (jus cogens)

If a new peremptory norm of general international law emerges, any existing treaty which is in conflict with that norm becomes void and terminates.

Section 4. Procedure

Article 65

Procedure to be followed with respect to invalidity, termination withdrawal from or suspension of the operation of a treaty

1. A party which, under the provisions of the present articles, invokes either a defect in its consent to be bound by a treaty or a ground for impeaching the validity of a treaty, terminating it, withdrawing from it or suspending its operation, must notify the other parties of its claim. The notification shall indicate the measure proposed to be taken with respect to the treaty and the reasons therefore.
2. If, after the expiry of a period which, except in cases of special urgency, shall not be less than three months after the receipt of the notification, no party has raised any objection, the party making the notification may carry out in the manner provided in article 67 the measure which it has proposed.
3. When an objection is raised by any other party, the parties shall seek a solution through the means indicated in article 33 of the Charter of the United Nations.
4. The notification or objection made by an international organization shall be governed by the relevant rules of that organization.
5. Nothing in the foregoing paragraphs shall affect the rights or obligations of the parties under any provisions in force binding the parties with regard to the settlement of disputes.
6. Without prejudice to article 45, the fact that a State or an international organization has not previously made the notification prescribed in paragraph 1 shall not prevent it from making such notification in answer to another party claiming performance of the treaty or alleging its violation.

Article 66

Procedures for arbitration and conciliation

If, under paragraph 3 of article 65, no solution has been reached within a period of 12 months following the date on which the objection was raised, the following procedures shall be followed:

(a) any one of the parties to a dispute concerning the application or the interpretation of article 53 or article 64 may, by written notification to the other party or parties to the dispute, submit it to arbitration in accordance with the provisions of the Annex to the present articles, unless the parties by common consent agree to submit the dispute to another arbitration procedure;

(b) any one of the parties to a dispute concerning the application or the interpretation of any of the other articles in Part V of the present articles may set in motion the conciliation procedure specified in the Annex to the present articles by submitting a request to that effect to the Secretary-General of the United Nations, unless the parties by common consent agree to submit the dispute to another conciliation procedure.

Article 67

Instruments for declaring invalid, terminating, withdrawing from or suspending the operation of a treaty

1. The notification provided for under article 65, paragraph 1, must be made in writing.
2. Any act declaring invalid, terminating, withdrawing from or suspending the operation of a treaty pursuant to the provisions of the treaty or of paragraphs 2 or 3 of article 65 shall be carried out through an instrument communicated to the other parties. If the instrument emanating from a State is not signed by the Head of State, Head of Government or Minister for Foreign Affairs, the representative of the State communicating it may be called upon to produce full powers. If the instrument emanates from an international organization, the representative of the organization communicating it may be called upon to produce powers.

Article 68

Revocation of notifications and instruments provided for in articles 65 and 67

A notification or instrument provided for in articles 65 or 67 may be revoked at any time before it takes effect.

Section 5. Consequences of the invalidity, termination or suspension of the operation of a treaty

Article 69

Consequences of the invalidity of a treaty

1. A treaty the invalidity of which is established under the present articles is void. The provisions of a void treaty have no legal force.
2. If acts have nevertheless been performed in reliance on such a treaty:
   (a) each party may require any other party to establish as far as possible in their mutual relations the position that would have existed if the acts had not been performed;
   (b) acts performed in good faith before the invalidity was invoked are not rendered unlawful by reason only of the invalidity of the treaty.
3. In cases falling under article 49, 50, 51 or 52, paragraph 2 does not apply with respect to the party to which the fraud, the act of corruption or the coercion is imputable.

4. In the case of the invalidity of the consent of a particular State or a particular international organization to be bound by a multilateral treaty, the foregoing rules apply in the relations between that State or that organization and the parties to the treaty.

Article 70

Consequences of the termination of a treaty

1. Unless the treaty otherwise provides or the parties otherwise agree, the termination of a treaty under its provisions or in accordance with the present articles:
   (a) releases the parties from any obligation further to perform the treaty;
   (b) does not affect any right, obligation or legal situation of the parties created through the execution of the treaty prior to its termination.
2. If a State or an international organization denounces or withdraws from a multilateral treaty, paragraph 1 appplies in the relations between that State or that organization and each of the other parties to the treaty from the date when such denunciation or withdrawal takes effect.

Article 71

Consequences of the invalidity of a treaty which conflicts with a peremptory norm of general international law

1. In the case of a treaty which is void under article 53 the parties shall:
   (a) eliminate as far as possible the consequences of any act performed in reliance on any provision which conflicts with the peremptory norm of general international law; and
   (b) bring their mutual relations into conformity with the peremptory norm of general international law.
2. In the case of a treaty which becomes void and terminates under article 64, the termination of the treaty:
   (a) releases the parties from any obligation further to perform the treaty;
   (b) does not affect any right, obligation or legal situation of the parties created through the execution of the treaty prior to its termination; provided that those rights, obligations or situations may thereafter be maintained only to the extent that their maintenance is not in itself in conflict with the new peremptory norm of general international law.

Article 72

Consequences of the suspension of the operation of a treaty

1. Unless the treaty otherwise provides or the parties otherwise agree, the suspension of the operation of a treaty under its provisions or in accordance with the present articles:
   (a) releases the parties between which the operation of the treaty is suspended from the obligation to perform the treaty in their mutual relations during the period of suspension;
   (b) does not otherwise affect the legal relations between the parties established by the treaty.
2. During the period of the suspension the parties shall refrain from acts tending to obstruct the resumption of the operation of the treaty.

PART VI
MISCELLANEOUS PROVISIONS

Article 73

Cases of successions of States, responsibility of a State or of an international organization, outbreak of hostilities, termination of the existence of an organization and termination of participation by a State in the membership of an organization

1. The provisions of the present articles shall not prejudge any question that may arise in regard to a treaty between one or more States and one or more international organizations from a succession of States or from the international responsibility of a State or from the outbreak of hostilities between States parties to that treaty.
2. The provisions of the present articles shall not prejudge any question that may arise in regard to a treaty from the international responsibility of an international organization, from the termination of the existence of the organization or from the termination of participation by a State in the membership of the organization.

Article 74

Diplomatic and consular relations and the conclusion of treaties

The severance or absence of diplomatic or consular relations between two or more States does not prevent the conclusion of treaties between two or more of those States and one or more international organizations. The conclusion of such a treaty does not in itself affect the situation in regard to diplomatic or consular relations.

Article 75

Case of an aggressor State

The provisions of the present articles are without prejudice to any obligation in relation to a treaty between one or more States and one or more international organizations which may arise for an aggressor State in consequence of measures taken in conformity with the Charter of the United Nations with reference to that State's aggression.

PART VII
DEPOSITARIES, NOTIFICATIONS, CORRECTIONS AND REGISTRATION

Article 76

Depositaries of treaties

1. The designation of the depositary of a treaty may be made by the negotiating States and the negotiating organizations or, as the case may be, the negotiating organizations, either in the treaty itself or in some other manner. The depositary may be one or more States, an international organization or the chief administrative officer of the organization.
2. The functions of the depositary of a treaty are international in character and the depositary is under an obligation to act impartially in their performance. In particular, the fact that a treaty has not entered into force between certain of the parties or that a difference has appeared between a State or an international organization and a depositary with regard to the performance of the latter's functions shall not affect that obligation.

Article 77

Functions of depositaries

1. The function of a depositary, unless otherwise provided in the treaty or agreed by the contracting States and contracting organizations or, as the case may be, by the contracting organizations, comprise in particular:
   (a) keeping custody of the original text of the treaty, of any full powers and powers delivered to the depositary;
   (b) preparing certified copies of the original text and preparing any further text of the treaty in such additional languages as may be required by the treaty and transmitting them to the parties and to the States and international organizations or, as the case may be, to the organizations entitled to become parties to the treaty;
   (c) receiving any signatures to the treaty and receiving and keeping custody of any instruments, notifications and communications relating to it;
   (d) examining whether the signature or any instrument, notification or communication relating to the treaty is in due and proper form and, if need be, bringing the matter to the attention of the State or international organization in question;
   (e) informing the parties and the States and international organizations or, as the case may be, the organizations entitled to become parties to the treaty of acts, notifications and communications relating to the treaty;
   (f) informing the States and international organizations or, as the case may be, the organizations entitled to become parties to the treaty when the number of signatures or of instruments of ratification, instruments relating to an act of formal confirmation, or instruments of acceptance, approval accession required for the entry into force of the treaty has been received or disposited;
   (g) registering the treaty with the Secretariat of the United Nations;
   (h) performing the functions specified in other provisions of the present articles.
2. In the event of any difference appearing between a State or an international organization and the depositary as to the performance of the latter's functions, the depositary shall bring the question to the attention of:
   (a) the signatory States and organizations and the contracting States and contracting organizations; or
   (b) where appropriate, the competent organ of the organization concerned.

Article 78

Notifications and communications

Except as the treaty or the present articles otherwise provide, any notification or communication to be made by any State or any international organization under the present articles shall:

(a) if there is no depositary, be transmitted direct to the States and organizations or, as the case may be, to the organizaions for which it is intended, or if there is a depositary, to the latter;
(b) be considered as having been made by the State or organizations in question only upon its receipt by the State or the organization to which it was transmitted or, as the case may be, upon its receipt by the depositary;

(c) if transmitted to a depositary, be considered as received by the State or organization for which it was intended only when the latter State or organization has been informed by the depositary in accordance with article 77, paragraph 1 (c).

Article 79

Correction of errors in texts or in certified copies of treaties

1. Where, after the authentication of the text of a treaty, the signatory States and international organizations and the contracting States and contracting organizations are agreed that it contains an error, the error shall, unless the said States and organizations decide upon some other means of correction, be corrected:
   (a) by having the appropriate correction made in the text and causing the correction to be initialled by duly authorized representatives;
   (b) by executing or exchanging an instrument or instruments setting out the correction which it has been agreed to make; or
   (c) by executing a corrected text of the whole treaty by the same procedure as in the case of the original text.
2. Where the treaty is one for which there is a depositary, the latter shall notify the signatory States and international organizations and the contracting States and contracting organizations of the error and of the proposal to correct it and shall specify an appropriate time-limit within which objection to the proposed correction may be raised. If, on the expiry of the time-limit:
   (a) no objection has been raised, the depositary shall make and initial the correction in the text and shall execute a *procès-verbal* of the rectification of the text and communciate a copy of it to the parties and to the States and organizations entitled to become parties to the treaty;
   (b) an objection has been raised, the depositary shall communicate the objection to the signatory States and organizations and to the contracting States and contracting organizations.
3. The rules in paragraphs 1 and 2 apply also where the text has been authenticated in two or more languages and it appears that there is a lack of concordance which the signatory States and international organizations and the contracting States and contracting organizations agree should be corrected.
4. The corrected text replaces the defective text *ab initio*, unless the signatory States and international organizations and the contracting States and contracting organizations otherwise decide.
5. The correction of the text of a treaty that has been registered shall be notified to the Secretariat of the United Nations.
6. Where an error is discovered in a certified copy of a treaty, the depositary shall execute a *procès-verbal* specifying the rectification and communicate a copy of it to the signatory States and international organizations and to the contracting States and contracting organizations.

Article 80

Registration and publication of treaties

1. Treaties shall, after their entry into force, be transmitted to the Secretariat of the United Nations for registration or filing and recording, as the case may be, and for publication.

2. The designation of a depositary shall constitute authorization for it to perform the acts specified in the preceding paragraph.

ANNEX

Arbitration and conciliation procedures established in application of article 66

I. Establishment of the Arbitral Tribunal or Conciliation Commission

1. A list consisting of qualified jurists, from which the parties to a dispute may choose the persons who are to constitute an arbitral tribunal or, as the case may be, a conciliation commission, shall be drawn up and maintained by the Secretary-General of the United Nations. To this end, every State which is a Member of the United Nations or a State party to the present articles and any international organization to which the present articles have become applicable shall be invited to nominate two persons, and the names of the persons so nominated shall constitute the list, a copy of which shall be transmitted to the President of the International Court of Justice. The term of a person on the list, including that of any person nominated to fill a casual vacancy, shall be five years and may be renewed. A person whose term expires shall continue to fulfil any function for which he shall have been chosen under the following paragraphs.

2. When notification has been made under article 66, paragraph (a), the dispute shall be brought before an arbitral tribunal. When a request has been made to the Secretary-General under article 66, paragraph (b), the Secretary-General shall bring the dispute before a conciliation commission. Both the arbitral tribunal and the conciliation commission shall be constituted as follows:

   The States and international organizations which constitute one of the parties to the dispute shall appoint by common consent:

   (a) one arbitrator or, as the case may be, one conciliator, who may or may not be chosen from the list referred to in paragraph 1; and

   (b) one arbitrator or, as the case may be, one conciliator, who shall be chosen from among those included in the list and shall not be of the nationality of any of the States or nominated by any of the organizations which constitute that party to the dispute.

   The States and international organizations which constitute the other party to the dispute shall appoint two arbitrators or, as the case may be, two conciliators, in the same way. The four persons chosen by the parties shall be appointed within 60 days following the date on which the other party to the dispute receives notification under article 66, paragraph (a) or on which the Secretary-General receives the request for conciliation.

   The four persons so chosen shall, within 60 days following the date of the last of their own appointments, appoint from the list a fifth arbitrator or, as the case may be, conciliator, who shall be chairman.

   If the appointment of the chairman, or of any of the arbitrators or, as the case may be, conciliators, has not been made within the period prescribed above for such appointment, it shall be made by the Secretary-General of the United Nations within 60 days following the expiry of that period. The appointment of the chairman may be made by the Secretary-General either from the list or from the membership of the International Law Commission. Any of the periods within which appointments must be made may be extended by agreement between the parties to the dispute. If the United Nations is a party or is included in one of the parties to the dispute, the Secretary-General shall transmit the above-mentioned request to the President of the International Court of Justice, who shall perform the functions conferred upon the Secretary-General under this subparagraph.

Any vacancy shall be filled in the manner prescribed for the initial appointment.

The appointment of arbitrators or conciliators by an international organization provided for in paragraphs 1 and 2 shall be governed by the relevant rules of that organization.

II. Functioning of the Arbitral Tribunal

3. Unless the parties to the dispute otherwise agree, the Arbitral Tribunal shall decide its own procedure, assuring to each party to the dispute a full opportunity to be heard and to present its case.
4. The Arbitral Tribunal, with the consent of the parties to the dispute, may invite any interested State or international organization to submit to it its views orally or in writing.
5. Decisions of the Arbitral Tribunal shall be adopted by a majority vote of the members. In the event of an equality of votes, the Chairman shall have a casting vote.
6. When one of the parties to the dispute does not appear before the Tribunal or fails to defend its case, the other party may request the Tribunal to continue the proceedings and to make its award. Before making its award, the Tribunal must satisfy itself not only that it has jurisdiction over the dispute but also that the claim is well founded in fact and law.
7. The award of the Arbitral Tribunal shall be confined to the subject-matter of the dispute and state the reasons on which it is based. Any member of the Tribunal may attach a separate or dissenting opinion to the award.
8. The award shall be final and without appeal. It shall be complied with by all parties to the dispute.
9. The Secretary-General shall provide the Tribunal with such assistance and facilities as it may require. The expenses of the Tribunal shall be borne by the United Nations.

III. Functioning of the Conciliation Commission

10. The Conciliation Commission shall decide its own procedure. The Commission, with the consent of the parties to the dispute, may invite any party to the treaty to submit to it its views orally or in writing. Decisions and recommendations of the Commission shall be made by a majority vote of the five members.
11. The Commission may draw the attention of the parties to the dispute to any measures which might facilitate an amicable settlement.
12. The Commission shall hear the parties, examine the claims and objections, and make proposals to the parties with a view to reaching an amicable settlement of the dispute.

13. The Commission shall report within 12 months of its constitution. Its report shall be deposited with the Secretary-General and transmitted to the parties to the dispute. The report of the Commission, including any conclusions stated therein regarding the facts or questions of law, shall not be binding upon the parties and it shall have no other character than that of recommendations submitted for the consideration of the parties in order to facilitate an amicable settlement of the dispute.
14. The Secretary-General shall provide the Commission with such assistance and facilities as it may require. The expenses of the Commission shall be borne by the United Nations.

Summary

The Draft Articles on the Law of Treaties between States and International Organizations or between International Organizations in Comparison with the Vienna Convention on the Law of Treaties of 1969

1. While discussing the law of treaties from 1950 onwards, the International Law Commission (ILC) included the specific problems posed by international organizations being parties to treaties, either together with States or among themselves. The problem area was eliminated only in the ILC's final draft of 1966 and thus also remained outside the 1969 Vienna Convention on the Law of Treaties (VCLT). Soon afterwards, in 1970, the ILC took up the task of formulating a parallel convention on this subject. In 1982, the Commission submitted the final draft to the U. N. General Assembly which, in December 1984, decided to convene a multilateral State conference in Vienna in early 1986.

2. The ILC draft and the discussions preceding it have underlined the importance of the VCLT. Even though the ILC was not supposed to discuss the provisions of this Convention, their normative position was enhanced by the fact that the draft uses them as a basis and largely adopts them either completely unchanged or with only editorial changes.

   The draft supplements the codified parts of the international law of treaties, which so far consist of the VCLT and the Vienna Convention on Succession of States in Respect of Treaties of 1978, thereby forming an important addition and making the law of treaties one of the most widely codified fields of international law. This development must be welcomed in view of the fact that international agreements for solving the manifold problems of the contemporary international community are growing in number and importance.

   The international law of treaties, setting up a clear and, at the same time, flexible framework for those agreements, promotes legal certainty and thus makes an important contribution to the peaceful interchange between the subjects of international law.

3. One of the weak points of the draft is that its field of application has not clearly been demarcated from that of the VCLT. The basic rule is clearly spelt out in art. 3 (c) VCLT, but in specific cases the simultaneous application of the VCLT and the draft articles may well lead

to problems, even though both texts are largely congruent in content. In addition, in the course of the discussions, the ILC does not seem to have always realized the demarcation line between the two régimes. The resulting overlap alone would have been reason enough for assimilating the provisions of the draft to those of the Convention, at least with regard to the régime of treaties concluded between States and international organizations, but, given the desire to attain a uniform system of rules, also with regard to those treaties entered into by international organizations among themselves.

4. The strong orientation of the draft towards the VCLT already anticipated the answer to the decisive basic question whether the equalization of States and international organizations could be carried through, taking into consideration that the equality of the parties to a treaty is the implicit basis of the VCLT. This equalization is well in line with conceptions prevailing in the law of treaties. Its application to international organizations has consequences in the relationship between those organizations and their member States, which raise basic questions pertaining to the structure and system of the law of international organizations (*viz.*, the capacity of international organizations to enter into international agreements and the effects of *ultra vires* acts in this respect — see draft arts. 6, 46, 27). Despite the limited subject matter of the draft, the assimilation of the legal position of international organizations and States has wider implications. The draft, and even more so a future convention, will considerably influence the theory of international organizations.

   There were strong objections, coming especially from socialist States, against the equalization of States and international organizations or, put in a more abstract form, the dissolution of the distinction between original and derivative subjects of international law. They deserve consideration because the repercussions of this assimilation have hardly been clearly recognized so far. Perhaps, it would have been better if in the crucial parts (arts. 6, 46, 27) the draft had properly differentiated, as it does in other provisions (arts. 36, 53). A clear position is not apparent.

5. In addition to those yet unresolved basic problems, the draft articles and the ILC's commentary reveal many more difficulties. Among others, they are to be found in art. 36*bis* (rights and obligations of member States of international organizations deriving from treaties of those organizations), in arts. 19—23 (reservations), in art. 30 (6) (relation between treaties concluded with international organizations participating and the U.N. Charter — *cf.* art. 103) and in arts. 65—66 (settlement of disputes).

In view of all these problems, one may justly ask the question whether time was already ripe to draw up a convention. There was advice from international organizations to limit the project to the elaboration of a declaration, using it as terms of reference and probing its practical usefulness, rather than risking the failure of a convention which may not be ratified by a sufficient number of States. This would certainly have grave consequences for the subject matter of the draft, as — in contrast to the VCLT — the rules laid down therein are mostly an expression of a progressive development of international law. As the U.N. General Assembly has now decided to convene a multilateral conference, thereby choosing the convention route, the delegates should at least be cautious in deciding on the final version of the text.

Literaturverzeichnis

Bernhardt, Rudolf: Die Europäische Gemeinschaft als neuer Rechtsträger im Geflecht der traditionellen zwischenstaatlichen Rechtsbeziehungen, in: EuR 1983, S. 199—215.

Bindschedler, Rudolf L.: Treaties, Reservations, in: Rudolf Bernhardt (ed.), Encyclopedia of Public International Law, Instalment 7, Amsterdam, New York, Oxford 1984, S. 496—499.

Cahier, Philippe: Les caractéristiques de la nullité en droit international, in: RGDIP 76 (1972), S. 645—691.

Cahier, Philippe: Le problème des effets des traités à l'égard des Etats tiers, in: RdC 143 (1974 III), S. 589—735.

Campos, Gonzalez: La aplicaciòn del futuro Convenio sobre Derecho de los tratados a los acuerdos vinculados con Organizaciones Internacionales, in: Revista Española de Derecho Internacional 21 (1968), S. 360—386.

Cassese, Antonio: Le relazioni internazionali della Comunitá Economica Europea, in: La Comunitá Internazionale 15 (1960), S. 471—486.

Dahm, Georg: Völkerrecht Bd. 3, Stuttgart 1961.

Dupuy, René-Jean: L'application des règles du droit international général des traités aux accords conclus par les Organisations internationales, rapport provisoire et projet d'articles, in: Annuaire IDI 55 (1973), S. 214—316.

Dupuy, René-Jean: L'application . . ., rapport définitif et projet d'articles, in: Annuaire IDI 55 (1973), S. 355—382.

Geck, Wilhelm Karl: Die völkerrechtlichen Wirkungen verfassungswidriger Verträge, Berlin, Köln 1963.

Geiger, Rudolf: Die völkerrechtliche Beschränkung der Vertragsschlußfähigkeit von Staaten, Berlin 1979.

Geiser, Hans-Jörg: Les effets des accords conclus par les Organisations Internationales, Bern, Frankfurt 1977.

Ginther, Konrad: Die völkerrechtliche Verantwortlichkeit internationaler Organisationen gegenüber Drittstaaten, Wien, New York 1969.

Ginther, Konrad: International Organizations, Responsibility, in: Rudolf Bernhardt (ed.), Encyclopedia of Public International Law, Instalment 5, Amsterdam, New York, Oxford 1983, S. 162—165.

Hartmann, Gunther: The Capacity of International Organizations to Conclude Treaties, in: Karl Zemanek (ed.), Agreements of International Organizations and the Vienna Convention on the Law of Treaties, Wien 1971, S. 127—163.

Klein, Eckart: Statusverträge im Völkerrecht, Berlin, Heidelberg, New York 1980.

Klein, Eckart: Genocide Convention (Advisory Opinion), in: Rudolf Bernhardt (ed.), Encyclopedia of Public International Law, Instalment 2, Amsterdam, New York, Oxford 1981, S. 107—109.

Klein, Eckart: Treaties, Effect of Territorial Changes, in: Rudolf Bernhardt (ed.), Encyclopedia of Public International Law, Instalment 7, Amsterdam, New York, Oxford 1984, S. 473—476.

Krück, Hans: Völkerrechtliche Verträge im Recht der Europäischen Gemeinschaften, Berlin, Heidelberg, New York 1977.

Mosler, Hermann: Völkerrechtsfähigkeit, in: Karl Strupp / Hans-Jürgen Schlochauer, Wörterbuch des Völkerrechts Bd. 3, 2. Aufl., Berlin 1962, S. 665 — 677.

Osieke, Ebere: The Legal Validity of Ultra Vires Decisions of International Organizations, in: AJIL 77 (1983), S. 239 — 256.

Petersmann, Ernst-Ulrich: Die EWG als GATT-Mitglied, Rechtskonflikte zwischen GATT-Recht und Europäischem Gemeinschaftsrecht, in: EuR 1985, S. 78—91.

Reuter, Paul: Introduction au droit des traités, Paris 1972.

Reuter, Paul: Le droit des traités et les accords internationaux conclus par les organisations internationales, in: Miscellanea W. J. Ganshof van der Meersch Bd. 1, Brüssel 1972, S. 195 — 215.

Rosenne, Shabtai: United Nations Treaty Practice, in: RdC 86 (1954 II), S. 275 — 444.

Schneider, Hans: Autonome Satzung und Rechtsverordnung, in: W. Hefermehl / H. C. Nipperdey (Hrsg.), Festschrift für Ph. Möhring, München, Berlin 1965, S. 521 — 542.

Schreuer, Christoph: Die Bedeutung internationaler Organisationen im heutigen Völkerrecht, in: AVR 22 (1984), S. 363 — 404.

Seidl-Hohenveldern, Ignaz: Das Recht der Internationalen Organisationen einschließlich der Supranationalen Gemeinschaften, 4. Aufl., Köln, Berlin u. a. 1984.

Seyersted, Finn: Objective International Personality of Intergovernmental Organizations, Kopenhagen 1964.

Seyersted, Finn: Treaty-Making Capacity of Intergovernmental Organizations: Article 6 of the International Law Commission's Draft Articles on the Law of Treaties between States and International Organizations, in: ÖZöRVR 34 (1983), S. 261 — 267.

Steinberger, Helmut: The International Court of Justice, in: Hermann Mosler / Rudolf Bernhardt (ed.), Judicial Settlement of International Disputes, Heidelberg, New York 1974, S. 193 — 283.

Stoll, Jutta: Vereinbarungen zwischen Staat und ausländischem Investor, Heidelberg, New York 1982.

Verdross, Alfred / *Simma*, Bruno: Universelles Völkerrecht, Theorie und Praxis, 3. Aufl., Berlin 1984.

Wetzel, Ralf Günther / *Rauschning*, Dietrich: The Vienna Convention on the Law of Treaties, Travaux Préparatoires, Frankfurt 1978.

Zemanek, Karl: Das Vertragsrecht der Internationalen Organisationen, Wien 1957.

Zemanek, Karl: Agreements Concluded by International Organizations and the Vienna Convention on the Law of Treaties, in: The University of Toledo Law Review 3 (1971), S. 145—183.

Zemanek, Karl: International Organizations, Treaty-Making Power, in: Rudolf Bernhardt (ed.), Encyclopedia of Public International Law, Instalment 5, Amsterdam, New York, Oxford 1983, S. 168 — 171.

Zuleeg, Manfred: Vertragskonkurrenz im Völkerrecht. Teil I: Verträge zwischen souveränen Staaten, in: GYIL 20 (1977), S. 246 — 276; Teil II: Verträge zwischen beliebigen Völkerrechtssubjekten, in: GYIL 27 (1984), S. 367 — 385.

Dokumentenverzeichnis

1. Berichte (Reports) und Diskussionen der International Law Commission

ILC Report 1966:
Report of the ILC on the work of the second part of its 17th session, part I (A/6309/Rev. 1), in: YBILC 1966 II, S. 169 — 364.

ILC Report 1970:
Report of the ILC on the work of its 22nd session (A/8010/Rev. 1), in: YBILC 1970 II, S. 271 — 314.

ILC Report 1971:
Report of the ILC on the work of its 23rd session (A/8410/Rev. 1), in: YBILC 1971 II part 1, S. 275 — 432.

ILC Report 1980:
Report of the ILC on the work of its 32nd session (A/35/10), in: YBILC 1980 II part 2, S. 1 — 174.

ILC Report 1982:
Report of the ILC on the work of its 34th session, in: GAOR 37th session, suppl. 10 (A/37/10).

Diskussionsbeiträge aus den Beratungen der ILC:
abgedruckt in: YBILC 1950 I, 1962 I, 1974 I, 1977 I, 1978 I, 1979 I, 1981 I, 1982 I.

2. Dokumente der ILC zur Wiener Vertragsrechtskonvention

Report *Brierly:*
Report by J. L. Brierly, Special Rapporteur, on the law of treaties (A/CN. 4/23), in: YBILC 1950 II, S. 222 — 248.

Report *Lauterpacht:*
Report by Mr. H. Lauterpacht, Special Rapporteur, on the law of treaties (A/CN. 4/63), in: YBILC 1953 II, S. 90 — 162.

Report *Fitzmaurice:*
Report by G. G. Fitzmaurice, Special Rapporteur, on the law of treaties (A/CN. 4/101), in: YBILC 1956 II, S 104 — 128.

Report *Waldock:*
First report on the law of treaties, by Sir Humphry Waldock, Special Rapporteur, on the law of treaties (A/CN. 4/144), in: YBILC 1962 II, S. 27 — 79.

3. Dokumente der ILC zur Konvention über Verträge zwischen Staaten und Internationalen Organisationen oder zwischen zwei oder mehr Internationalen Organisationen

1st report *Reuter*:
First report on the question of treaties concluded between States and international organizations or between two or more international organizations by Mr. Paul Reuter, Special Rapporteur (A/CN. 4/258), in: YBILC 1972 II, S. 171 — 199.

2nd report *Reuter*:
Second report . . . (A/CN. 4/271), in: YBILC 1973 II, S. 75—94.

3rd report *Reuter*:
Third report . . . (A/CN. 4/279), in: YBILC 1974 II part 1, S. 135—152.

4th report *Reuter*:
Fourth report . . . (A/CN. 4/285), in: YBILC 1975 II, S. 25 — 44.

5th report *Reuter*:
Fifth report . . . (A/CN. 4/290 and Add. 1), in: YBILC 1976 II part 1, S. 137 — 146.

6th report *Reuter*:
Sixth report . . . (A./CN. 4/298), in: YBILC 1977 II part 1, S. 119 — 135.

7th report *Reuter*:
Seventh report . . . (A/CN. 4/312), in: YBILC 1978 II part 1, S. 247 — 251.

8th report *Reuter*:
Eighth report . . . (A/CN. 4/319), in: YBILC 1979 II part 1, S. 125 — 141.

9th report *Reuter*:
Ninth report . . . (A/CN. 4/327), in: YBILC 1980 II part 1, S. 131 — 151.

10th report *Reuter*:
Tenth report . . . (A/CN. 4/341 and Add. 1), in: YBILC 1981 II part 1, S. 43 — 69.

11th report *Reuter*:
Eleventh report . . . (A/CN. 4/353), in: YBILC 1982 II part 1, S. 3 — 13.

UN Doc. A/CN. 4/350 und Add. 1 — 11:
Questions of Treaties Concluded Between States and International Organizations or Between Two or More International Organizations, Comments and observations of Governments and principal international organizations.

UN Doc. A/CN. 4/277:
Selected bibliography on the questions of treaties concluded between States and international organizations or between two or more international organizations, prepared by the Secretariat (15. 3. 1974), in: YBILC 1974 II part 2, S. 3 — 7.

UN Doc. A/CN. 4/281:
Possibilities of participation by the United Nations in international agreements on behalf of a territory, prepared by the Secretariat (10. 6. 1974), in: YBILC 1974 II part 2, S. 8 — 32.

UN Doc. A/C. 6/38/4:
Convention on the Law of Treaties Between States and International Organizations or Between International Organizations, Note by the Secretariat (27. 10. 1983).

UN Doc. A/38/145 und Add. 1 und Corr. 1:
Convention on the Law of Treaties Between States and International Organizations or Between International Organizations, Report of the Secretary-General (15. 9., 14. 10. und 20. 10. 1983).

UN Doc. A/39/491:
United Nations Conference on the Law of Treaties Between States and International Organizations or Between International Organizations, Report of the Secretary-General (26. 9. 1984).

UN Doc. A/C. 6/39/SR. 31 — 33:
Sixth Committee, Summary Records, 31st — 33rd meeting (31. 10. — 1. 11. 1984).

UN Doc. A/CN. 4/L. 161/Add. 1 und 2:
Questions of Treaties concluded between States and International Organizations or between two or more International Organizations, working paper submitted by the Secretary-General.

UN Doc. A/Conf. 39/C. 1/L. 15 und L. 27:
Amendments to Art. 1 of the Convention on the Law of Treaties, submitted by the United States of America (L. 15) and the Republic of Viet-Nam (L. 27), zitiert nach: United Nations Conference on the Law of Treaties, Official Records, Documents of the Conference (A/Conf. 39/11/Add. 2), S. 110.

4. *Konventionen*

Vienna Convention on the Law of Treaties:
UN Doc. A/Conf. 39/27 in: United Nations Conference on the Law of Treaties, Official Records, Documents of the Corference (A/Conf. 39/11/Add. 2), S. 289 ff.

Vienna Convention on the Sucession of States in Respect of Treaties:
UN Doc. A/Conf. 80/31, in: United Nations Conference on Succession of States in Respect of Treaties, Official Records vol. III, Documents of the Conference (A/Conf. 80/16/Add. 2), S. 187 ff.

United Nations Convention on the Law of the Sea:
UN Doc. A/Conf. 62/122 (7. 10. 1982), Corr. 3 (23. 11. 1982), Corr. 8 (26. 11. 1982).

5. *Resolutionen*

A/RES/2501 (XXIV):
Report of the International Law Commission and Resolution relating to Article 1 of the Vienna Convention on the Law of Treaties, of November 12, 1969, in: GAOR 24th sess., suppl.

A/RES/3314 (XXIX):
Definition of Aggression, of December 14, 1974, in: GAOR 29th sess., suppl. 31 (A/9681), S. 142 ff.

A/RES/37/112:
Convention on the Law of Treaties between States and International Organizations or between International Organizations, of December 16, 1982, in: GAOR 37th sess., suppl. 51 (A/37/51), S. 271.

A/RES/38/139:
United Nations Conference on the Law of Treaties between States and International Organizations, of December 19, 1983, in: GAOR 38th sess., suppl. 47 (A/38/47), S. 273.

A/RES/39/86:
United Nations Conference on the Law of Treaties between States and International Organizations or between International Organizations, of December 13, 1984.

FSC
www.fsc.org
MIX
Papier | Fördert gute Waldnutzung
FSC® C083411

Kolibri 360 GmbH
Ferdinand-Jühlke-Straße 7
99095 Erfurt, Deutschland
produktsicherheit@kolibri360.de

Druck:
CPI Druckdienstleistungen GmbH
im Auftrag der
Kolibri 360 GmbH
Ferdinand-Jühlke-Str. 7
99095 Erfurt